KB081722

>>> 넥스트 팡

넥스트 FAANG

초판 1쇄 발행 2022년 6월 20일

지은이 김창훈 / **펴낸이** 배충현 / **펴낸곳** 갈라북스 / **출판등록** 2011년 9월 19일(제2015-000098호) / 경기도 고양시 덕양구 중앙로 542, 707호(행신동) / **전화** (031)970-9102 **팩스** (031)970-9103 / **블로그** blog.naver.galabooks / **페이스북** www.facebook.com/bookgala / **이메일** galabooks@naver.com / **ISBN** 979-11-86518-53-3 (03320)

김창훈 지음

갈라북스

과연 그들의 자리는 누가 밀어낼 것인가?

'처음도 참되게 하고 중간도 참되게 하고 그 끝도 참되게 하라.'

이 말은 스타트업을 시작하는 많은 모험가들이 반드시 귀담아 들어야 할 부처님의 가르침이다.

바야흐로 세계는 스타트업들의 전성기인 4차산업혁명 시대다. 혁명기에는 새로운 기술패권을 가진 기업들이 리더십을 갖는다. 현재 기술 세계의 승자인 FAANG(Facebook(Meta), Apple, Amazon, Netflix, Google)의 위세가 여전하지만, 언제든지 왕관을 노리는 다크호스들이 호시탐탐 그들의 자리를 노리고 있다.

FAANG은 오랫동안 전 세계 기술기업을 상징하는 트레이드마크였다. 최근에는 FAANG에다 Tesla와 MS를 추가해 패트맨(FAATMAN)이라 칭하기도 하며, Adobe, NVidia를 추가해 마나마나(MANAMANA(Meta, Apple, Netflix, Amazon, MS, Alphabet(Google), NVidia, Adobe))라 부르기도 한다. 하지만 FAANG은 여전히 기술 레전드를 대표하는 상징적인 의미가 있다.

FAANG은 뉴테크놀러지의 상징인 한편 전통적인 굴뚝 산업을 밀어내고 디지털 기업의 전성시대를 개척한 선구자들이다. 축구계에서 오랫동안 축구황제로 군림한 펠레와 마라도나를 밀어낸 메시와 호날두라는 걸출한 스타처럼, FAANG이 바로 그들이다.

하지만 FAANG은 기술기업들의 우상이자, 반드시 넘어야 할 벽이기도 하다. 로마처럼 그들의 왕조는 견고하지만 4차산업혁명에 따른 혁신 기술의 등장, 전 세계에 불어 닥친 디지털 혁신, 개성 강한 밀레니얼(MZ) 소비 세대의 전면 등장, 코로나 팬더믹과 뉴노말(New Normal) 등 최근 들어 일대 변화가 일고 있다.

특히 AI(인공지능)는 전혀 다른 새로운 강자들의 출현을 예고한다. 여기에다 최근 메타버스(Metaverse)의 등장은 기존에 구축된 질서를 허물어뜨릴 메가톤급 이슈가 될 것으로 전문가들은 예언한다. 과연 그들의 자리를 누가 밀어낼 것인가?

전 세계적으로 4차산업혁명과 코로나를 겪으면서 각 국가별로 내로라하는 스타트업들이 새로운 아이디어와 기술로 도전장을 내밀고 있다. 보통 스타트업의 생존율은 10% 미만, 성공 확률은 1% 미만이다. 낙타가 바늘구멍에 들어가는 것보다 힘든 게 스타트업 성공이다.

FAANG도 치열한 경쟁 속에서 살아남으면서 도약에 도약을 거듭해 오늘날 전 세계를 주름잡는 초거대기업으로 부상했다. 10년 전만 하더라도 누가 Meta(Facebook)를 오늘날 이처럼 수억 명의 팬덤을 끌어모으는 인적 네트워크의 총아가 될 것이라 예상했을까? 창립자인 마크 저커버그도 전혀 예상을 못했을 것이다.

온라인 서점으로 출발한 아마존(Amazon)이 가장 거대한 시장인 전자상거래와 클라우드 시장을 주도할 것이라 누가 예상했을까? 일부는 '그들에게 운이 좋았다'라고 질투 섞인 냉소적 시선도 보낸다. 하지만 행운도 아무에게나 오는 게 아니다.

스타트업 조사기관 스타트업 랭킹(Startup Ranking)에 따르면 2021년 현재 설립된 지 10년 미만이며, IPO에 상장되지 않은 기술 기반의 스타트업은 13만 개사에 달하는 것으로 조사됐다. 이들 중 성공스토리를 쓰는 기업은 얼마나 될까.

하버드경영대학원에 따르면 투자를 받은 스타트업 가운데, 매출목표를 달성한 기업은 5%에 불과하며, 투자수익을 내는 기업은 20%, 수익은 마이너스지만 생존하고 있는 기업은 70%라고 발표한 적이 있다.

2015년 국내 전체 벤처기업 중 기업공개(IPO)를 한 비율은 0.2%에 불과하다. 수치로만 놓고 본다면 FAANG 대열에 진입할 확률은 극히 희박하다.

FAANG 수준까지 올라선다는 것은 매출이나 시가총액 등 외형적인 규모로만 설명할 수 없다. 리더십, 기술의 혁신성, 세계 경제에 미치는 파급력, 더 나은 세상으로 만들기 위한 선(善)한 가치, 수많은 스타트업의 '롤 모델(Role Model)'이라는 상징성 등 다양한 요소들이 결합돼야 FAANG 반열에 오를 수 있다. 그렇다면 향후 FAANG의 바통을 이을 기업은 누가 될 것인가.

본 책에서는 주요 핵심 분야별로 50개 기업을 선정했다. 선정 기준은 기업 가치, 혁신성, CEO 리더십 등을 기준으로 정해 평가기준에 근거해 선별했음을 밝혀둔다.

모쪼록 이 책이 독자분들에게 디지털 변혁기를 맞아 시대의 흐름을 읽고 새로운 리더들을 찾는 여정에 조금이나마 도움이 되기를 바랄 뿐이다.

이 책을 집필하기까지, 기획에서 출판까지 많은 용기를 준 갈라북스 배충현 대표와 자료 제공에 수고를 아끼지 않은 KRG 식구들께 감사드린다. 또한 옆에서 묵묵히 아낌없는 내조를 한 나의 파트너 구은숙 씨를 비롯한 사랑하는 가족들에게 감사함을 전한다.

_ 김창훈

차 례

Ⅲ 넥스트 FAANG의 조건 10

Ⅳ FAANG의 후계자들 50

I

Looking For Next FAANG

비틀즈와 BTS

1964년은 음악사적으로 기념비적 해로 기억된다. 영국의 '스타트업' 보이그룹 비틀즈가 미국 시장에 처음 발을 들여놓으면서 레전드로 등극한 해이기 때문이다. 프로 축구팀으로 유명한 영국 리버풀에서 탄생한 비틀즈는 유럽에서는 '빅 히터'였지만 팝 시장의 가장 큰 파이를 갖고 있는 미국 시장에서는 아직 '햇병아리'에 불과했다. 이들의 미국 시장 진출은 성공을 장담하기 힘들었다. 하지만 우려는 잠시, 비틀즈가 미국에 발을 들여놓자, 숨어있던 미국 내 비틀즈팬들은 열광했다. 비틀즈가 출연한 TV 프로그램 '에드 설리번쇼'는 7,300만 명이란 엄청난 시청률 흥행을 기록했다. 그해 비틀즈 노래는 빌보드 차트 1위에서 5위를 휩쓸었다. 1964년 미국 싱글 레코드 판매 음반 시장에서 비틀즈 음반은 60%의 점유율을 차지했다. 음악 역사가들은 이를 'British Invasion USA'라고 일컫는다.

British Invasion USA(1964년)

Analog Show
(TV쇼, 앨범 홍보)

K-Pop Invasion USA(2019년)

Digital Access
(SNS, Digital Media)

그 후로 60여 년이 흐른 2019년, 한국의 K팝 스타인 방탄소년단(BTS)이 미국 시장에 진출한다. BTS는 Dynamite부터 My Universe까지 6곡을 빌보드 차트 1위에 올려놓았다. 1년 1개월 만에 6곡을 1위에 올려놓은 것은 비틀즈 이후 최단 기록이다. BTS의 미국 진출은 또 다른 'Korea Invasion USA'라 부를만한 센세이서널한 반향을 일으켰다.

시대를 달리한 동서양의 젊은 영보이들이 미국 팝 시장에 진출한 이 역사적인 이벤트에서 우리는 아날로그와 디지털의 차이를 새삼 절감한다. 1964년 비틀즈가 미국 시장에 진출할 때 그들은 오로지 오프라인 홍보 활동과 음반 발매, TV 쇼 출연 등 전통적인 아날로그 방식에 의존했다. 2019년 BTS가 미국 시장에 진입할 때 그들은 전통적인 아날로그 방식보다는 일찌감치 소셜네트워크(SNS)를 이용해 팬들과 소통하는 등 뉴 미디어 채널을 동원한 다양한 마케팅을 펼쳤다. 말 그대로 신개념의 디지털 접근 방식이었다. 물론 비틀즈나 BTS는 음악성이 탁월하다는 기본 전제가 깔려있었기 때문에 가능했다. 비틀즈가 아날로그를 대표하는 뮤지션이었다면, BTS는 디지털 세대를 대표하는 뮤지션으로 역사의 한 페이지를 장식한 것이다.

소위 말하는 디지털 혁신이 엔터테인먼트에 끼치는 영향력은 날이 갈수록 거세지고 있다. 최근에 스웨덴의 전설적인 그룹 ABBA가 재결합하면서 가상현실을 이용한 '아바타 투어'를 기획한다고 발표해 관심을 끌기도 했다. 메타버스라는 공간에서 뮤지션들은 디지털 기술의 도움을 받아 훨씬 더 화려하고 입체적이고 시공을 초월한 공연을 여는 시대가 됐다.

이 모든 것은 디지털 트랜스포메이션(Digital Transformation), 즉 디지털 전환의 단면들을 보여주는 것이다. 디지털 전환은 단순히 아날로그의 상대적 개념만을 의미하지 않는다. 지금 세상은 디지털로 빠르게 전환되고 있다. 디지털로의 변화는 개인뿐 아니라 기업에도 위기와 기회가 동시에 도래하고 있다는 사실을 보여준다.

여기서 중요한 사실은 디지털 혁신은 우리가 거부할 수도, 그렇다고 회피할 수도 없는 시대가 됐다는 점이다. 특히 코로나 팬더믹으로 디지털 격차(Digital Divide: 디지털 활용능력의 차이)가 부각되면서 디지털 민감도는 더 많은 사회적 가치를 누리는 기준뿐만 아니라 더 나아가 생존까지도 연결돼 있다. 코로나 확진자 관리에서부터 마스크 파는 곳, 백신 예방, 재난지원금 신청 등등 코로나 팬더믹 상황에서 디지털 활용 능력은 죽고 사는 문제로까지 확대됐다. 가히 디지털 퍼펙트 스톰(Digital Perfect Storm) 시대라 할 만하다.

F-4 전투기와 F-35 전투기 가격

디지털 기술에 기반한 디지털 혁신(Digital Innovation)은 우리 사회 곳곳에 영향을 미친다. 한 가지 예를 보자. 1960년대 미국의 차세대 전투기 F-4 기종의 원가에서 소프트웨어가 차지하는 비중은 8%에 불과했다. 당시만 해도 전투기 제조 원가에서 장비나 부품 등 하드웨어 비중이 90%를 훌쩍 넘었던 시절이다. 소프트웨어적으로 처리하는 시스템이라기 보나 장비 자체의 성능에 따라 전투기 사양(Spec)이 결정됐다. 하지만 전투기에서 소프트웨어가 담당하는 범위가 확대되면서 2020년대 최신의 전투기(F-35) 원가 중 소프트웨어 비중은 전체 원가의 90%가 넘는다. F-35 전투기 가격이 대당 2,000억 원 정도인데, 이 중에서 1,700억 원이 소프트웨어가 차지하는 꼴이다. 수천억 원대 고가인 주력 전투기가 만일 소프트웨어적으로 문제가 발생한다면 아무리 재질과 부품 성능이 뛰어나더라도 무용지물이란 소리다.

뿐만 아니라 디지털 무기체계가 이제는 전통적인 무기체계를 완전

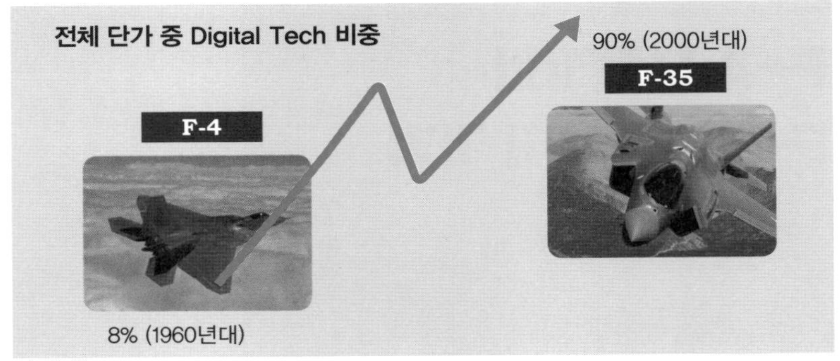

히 압도하는 세상이다. 현대전에서 디지털 기반의 정보 및 무기체계의 고도화는 해당 국가의 군사력과 비례할 정도로 비중이 높아졌다.

전투기뿐만 아니다. 자동차, 휴대폰 등 우리가 주변에서 늘상 사용하는 정보 기기에서도 소프트웨어 비중은 갈수록 높아지고 있다.

과학기술정보통신부에 따르면 자동차 원가 대비 소프트웨어 비중은 2010년 30%, 2020년 40%, 2030년 50%에 육박할 것이라 전망했다. 앞으로 자율주행차 시대가 되면 소프트웨어가 자동차에서 차지하는 비중 역시 50%를 훌쩍 뛰어넘으리라는 전망도 낯설지 않다.

산업통상자원부에 따르면 전투기, 자동차뿐만 아니라 세탁기, 냉장고 등 가전제품도 소프트웨어 비중이 53.7%, 통신장비는 52.7%, 의료장비는 45.5%를 차지한다. 하드웨어 성능개선으로 제품 성능을 높이는 게 일정 부문 한계에 도달하면서 소프트웨어 비중이 훨씬 더 큰 비중을 차지하고 있다. 이제 가전 성능은 디지털 기술력이 좌우한다. 삼성전자, LG전자, 월풀(Whirlpool), GE(General Electric) 등 국내외 톱 가전기업들이 소프트웨어 개발에 목매다는 이유다.

코로나19 팬데믹과 디지털 혁신

디지털 혁신의 진정한 진가는 역설적으로 가장 힘든 시기에 드러나고 있음을 실감한다. 바로 전무후무한 코로나 팬더믹 상황이 그것. 코로나19로 전 세계가 미증유의 경제 위기를 경험하고 있는 요즘, 디지털화는 우리 사회 곳곳에서 발 빠르게 정착되고 있다. 사람 간의 접촉을 최소화하다 보니, 디지털 기술 도움 없이는 제대로 일 처리를 할 수가 없다. 그뿐인가. 코로나 확진자 관리나, 감염자 추적 프로그램, 백신 예약, 재난지원금 신청 등 대부분의 재난방지 대책이 디지털 프로세스로 연결된다. 이제 일상생활에서 디지털은 떼어놓을 수 없는 필수재가 됐다. 사람들은 아침에 눈을 뜨고 밤에 자는 24시간 내내 디지털을 통해 소통하고 일한다.

재택근무는 코로나 이후 일상화가 됐다. 예전 같으면 재택근무를 실시하는 기업은 색다른 기업문화를 가진 스타트업이거나 독특한 회사로 받아들였을 것이다. 실제 우리나라에 IBM이란 회사가 1995년 처음 모바일 오피스(Mobile Office)를 도입했을 때 주변 반응들은 부정적인 시각이 많았다. 모바일 오피스는 모바일로 업무를 진행하고, 필요한 경우 비대면으로 결재를 받는 시스템이다. 직접 얼굴을 보고, 업무 지시를 내려야 성과가 나온다는 전통적인 업무 환경에 익숙한 우리 기업 문화에 모바일 오피스는 먼 나라 이야기였다. 하지만 지금은 모바일 오피스를 뛰어넘는 재택근무가 정착되는 것을 보면 상전벽해(桑田碧海)를 실감한다.

코로나 팬더믹으로 가장 빠르게 성장하는 분야 중에 전자상거래(e-Commerce)가 대표적이다. 손안에 스마트폰만 가지고 물건을 구매하고 결제하는 전자상거래는 남녀노소 불문하고 익숙한 시대가 됐다. 은행 업무는 물론 온라인 쇼핑이니 배달주문이니 하는 일상사가 모두 전자상거래로 처리된다. 마켓 조사기관 유로모니터(Uromonitor)에 따르면 전체 소매 유통시장에서 전자상거래 비중이 2014년 6.5%에서 2022년에는 17.4%로 늘어날 것으로 예측한 바 있다. 이제 전자상거래는 우리 일상 삶에서 중요한 구매 채널이 되고 있다.

이뿐만이 아니다. 로봇 기술이 진화하고 인공지능(AI)과 결합하면서 다양한 분야에 접목되고 있다. 로봇이 집안 청소를 한다든지 하는 간단한 일에서부터 방역을 담당하든지, 노인이나 치매 환자를 간호하는 등 인간을 대체하는 영역까지 빠르게 발전 중이다. 교육 분야에도 디지털 기술이 결합해 비대면 교육의 질적 수준을 높이려는 노력도 한창 진행 중이다. 원격진료, 스마트팩토리 등 디지털 혁신은 부지불식간에 가속화되고 있다.

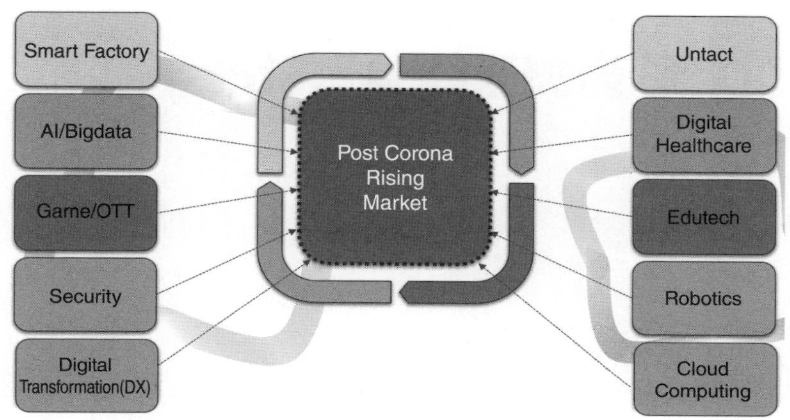

포스트 코로나 이후 주목받을 신기술_ 출처: KRG

코로나19로 우리는 오프라인 경제에서 디지털로 대변되는 온라인 경제로의 급속한 재편을 목전에 두고 있다. 기업 내부 프로세스는 물론 비대면 서비스 확대에 따른 기업 비즈니스 모델도 변혁기가 도래했다. 이는 디지털 기반의 프로세스로 전환하지 않고서는 미래를 담보할 수 없게 됐다는 것을 의미한다. 언택트(Untact) 비즈니스가 업종을 넘나들며 산업간 경계를 허물어뜨리고 있는 꼴이다. 경제, 사회 전반에 비대면 서비스가 주류로 부상하면서 각 영역별로 디지털 전환 속도는 더욱 빨라지고 있다. 디지털 전환을 통한 디지털 사회로의 업그레이드는 이제 거스를 수 없는 시대적 과제로 부상했기 때문이다. 디지털 전환을 통해 혁신의 가치를 제공하는 기업은 단순히 신기술 채택만으로 완성되는 것이 아니다. 디지털 혁신은 업무 프로세스뿐만 아니라 제품과 서비스에도 새로운 가치를 창출함은 물론 조직 전반에 디지털 문화가 정착돼야 완결성을 갖춘다고 할 수 있다.

디지털 플랫폼을 장악하라

디지털 트렌드가 우리 사회 전반에 폭풍처럼 들이닥치면서 이러한 디지털 기술을 제공하는 기업들도 승승장구하는 중이다. 디지털 기술을 새롭게 개발한 회사나 또는 이러한 기술을 가지고 새로운 사업 모델을 가진 스타트업들을 중심으로 엄청난 규모의 투자금이 몰리고 아이비리그 출신 인재들이 줄을 서고 있다.

여기서 우리가 눈여겨봐야 할 게 있다. 2007년 서브프라임 모기지 사태로 전 세계가 경제 위기에 직면했을 때 미국 경제의 붕괴를 예상한 시각이 일부 있었다. 하지만 대다수 전문가들은 이 견해에 전혀 동의하지 않았다. 이유는 명확했다. 미국의 첨단 기업들이 건재했기 때문이다. 당시 글로벌 시가총액 상위 10대 기업 중 미국 국적의 기업은 8곳이었으며, 그중 5개 기업이 디지털 혁신 서비스를 제공하는 기업이었다. 이들 기업이 제공하는 디지털 혁신 기술들은 산업 전반에 긍정적 영향을 끼치면서 침체기에 접어들던 미국의 경제는 빠

순위	2000년		2011년		2020년	
	기업(가치)	업종(국)	기업(가치)	업종(국)	기업(가치)	업종(국)
1	GE(520.2)	복합기업(美)	ExxonMibile (407.2)	석유/가스(美)	Apple(2,078.4)	IT장비(美)
2	Intell(416.7)	반도체(美)	Apple(324.3)	IT장비(美)	사우디아람코 (1,908.6)	석유/가스 (사우디아라비아)
3	Cisco(395.0)	IT장비(美)	PetroChina (320.8)	석유/가스(中)	MS(1,620.6)	SW(美)
4	MS(322.8)	SW(美)	ICBC(239.5)	은행(中)	Amazon(1,586.8)	인터넷(美)
5	ExxonMibile (289.9))	석유/가스(美)	Petrobras(238.8)	석유/가스 (브라질)	Google(1,235.2)	인터넷(美)
6	Vodafone(277.9)	통신서비스(美)	BHP(231.5)	소재(호주)	Facebook(796.6)	인터넷(美)
7	Wall-Mart (256.7)	유통(美)	China Construction Bank(224.8)	은행(中)	텐센트(727.9)	통신(中)
8	Ntt Cocomo(247.2)	통신(日)	GE(216.2)	복합기업(美)	알리바바(723.0)	전자상거래(中)
9	Nokia(242.2)	IT장비(핀란드)	MS(215.8)	S/W(美)	테슬라(567.8)	전기차(美)
10	CitiGroup(209.9)	은행(美)	Royal Dutch Shell(212.9)	석유/가스 (네덜란드)	버크셔 해서웨이	투자(美)

〈표〉 2000년대 이후 시가총액 상위 10대 기업 분포 (단위: 10억 달러)

르게 부활할 수 있었다. 소위 말하는 'FAANG'이 건재했기 때문이다. FAANG은 미국 경제를 회생시키는데 핵심적인 역할을 한 미국 경제의 구원자들이었다. 디지털 기술을 제공하는 디지털 파워는 막강하다. 통계적으로도 확인할 수 있다. 전 세계 기업들의 몸값인 시가총액 순위가 그렇다. 〈표〉와 같이 글로벌 시가총액 10대 기업을 연도별로 살펴보면 산업의 중심축이 디지털로 이동하고 있다는 것을 여실히 보여준다.

2000년대 이전까지만 해도 시가총액 상위 10대 기업 중에 디지털 제품이나 서비스를 제공하는 기업은 불과 1~2개에 불과했다. 톱랭커에 위치한 대부분 기업은 정유, 자동차 등 전통적인 굴뚝 산업을 대표하는 아날로그 기업들이었다. 경제매거진 포춘(Fortune)이 매년 발표하는 500대 기업 리스트를 보더라도 1900년대부터 근 100여 년간 이런 흐름은 별 차이가 없었다. 석유 가스, 은행, 제조, 자동차 등의 전통적인 모타르(Mortar) 기업들이 상위권에 포진했다.

2000년대 들어 인터넷이 본격적으로 등장해 이를 기반으로 한 다양한 사업 모델이 생겨나면서 시장은 급변했다. 인터넷은 굴뚝산업 중심의 산업 지형을 빠른 속도로 바꿔놓았다. 예전의 시장 강자들은 뒷전으로 밀려나고 신흥 세력들이 상위권에 위치하기 시작했다. '여말선초(고려 말, 조선 초)' 상황과 유사했다. 반도체 기업인 인텔, 네트워크 장비 업체였던 시스코, 마이크로소프트(MS) 등 같은 신흥 디지털 강자들이 그 자리를 대체했다.

물론 2000년도 들어서도 GE(General Electric)나 엑손모빌(Exxon Mobil) 등 전통적인 제조업체들도 굳건히 자리를 지키고 있었다. 전통산업과 신산업 간의 균형을 이룬 시대였다.

금융위기 이후 전 세계적으로 주가 폭락 등 금융위기가 고조되던 2010년도 시가총액 상위기업들은 전통 제조업과 금융권 차지였다. 엑손모빌이 시가총액 1위를 달렸으며, 페트로차이나(Petro China), 로열더치셸(Royal Dutch Shell) 등 석유가스업체들이 톱 10에 포진했다. 디지털 기업으로는 애플과 MS 정도뿐이었다. 전통산업들의 반격에 디지털 기업들이 다소 위축되던 시기였다.

하지만 2020년 들어서 다시 판도가 바뀌었다. 애플이 2조 달러가 넘는 몸값을 자랑하면서 시가총액 1위 기업으로 올라섰다. MS 역시 클라우드 시장의 호황으로 몸값이 1조6,000억 달러에 달했으며, 아마존, 구글, 페이스북(메타) 등이 새롭게 시가총액 10대 기업으로 등극했다. 상위 10대 기업 중 8개 회사가 디지털 서비스나 제품을 공급하는 디지털 플랫폼 기업들로 채워졌다. 디지털 기업들의 '슈퍼 파워'가 전 산업에 막대한 영향을 미치는 반증인 셈이다.

디지털 플랫폼 기술이 산업 곳곳에 스며들고 새로운 생태계를 형성하면서 혁신을 이루어내고 있다. 2010년대가 소셜 미디어의 혁명을 넘어 산업간 경계를 넘나드는 기술과 서비스들이 시장을 재편한 과도기였다면, 2020년대는 이러한 신기술들이 산업 전반에 내재화되고 고도화되는 시대가 된 것이다.

이러한 디지털 혁신의 돌풍을 등에 업고, FAANG은 괄목할만한 성장을 거듭했다. 축구로 따지자면 '발롱드로급' 레벨에 있는 FAANG의 위상은 단순히 기술, 마케팅, 경영기법, 인재 등의 특정 요인만으로 설명할 수 없다. 행운도 분명 따랐을 것이다. 분명한 것은 디지털 기업들은 새로운 기술을 창조하거나 이런 기술을 기반으로 국가를 초월하는 새로운 비즈니스 모델을 만드는 데 탁월했다는 점이다.

우리는 많은 기업의 역사를 보면서 기술은 우수하나 미래 비전이나 마케팅 역량이 미흡해 역사의 뒤안길로 조용히 사라진 기업들을 수없이 봐 왔다. 또한 기술력은 그다지 높은 평가를 받지 못했지만 이를 효과적으로 이용해 시장을 파고들고, 사람들에게 필요로 하는 서비스를 제공해 성공 가도를 달린 기업들도 수없이 목도했다. 탁월한 기술, 이를 실제 산업에 적용할 수 있는 구체화한 아이디어, 고객 요구

부응, 끊임없는 혁신 등이 적절한 조화를 맺을 때 비로소 꽃을 피우게 된다는 평범한 진리는 어디서나 통하는 법이다.

여기 디지털 인에이블러(Digital Enabler)가 있다. 혹자는 4차산업혁명 기술, 누구는 새로운 유형의 신기술이라고 부르는 이른바 디지털 퍼펙트 스톰(Digital Perfect Storm)을 가능케 하는 기술들을 통칭해 디지털 인에이블러라고 정의하자. 현존하는 수많은 디지털 기반의 슈퍼스타트업들은 바로 디지털 인에이블러를 통해 새롭게 시장을 정의하고 만들어 가는 유연한 기업들이다.

디지털 인에이블러 중에서 몇가지 핵심적인 기술들의 면면을 살펴보면, 메타버스(Metaverse), 스마트 모빌리티(Smart Mobility), 인공지능(AI), 로보틱스(Robotics) 등 최근 가장 많은 미디어의 관심을 받는 기술들이 포함돼 있다. 이러한 디지털 인에이블러 테크니션들이 결국 차세대 FAANG의 강력한 후계자가 될 것은 이론의 여지가 없다.

Ⅱ

향후 10년을 이끌 디지털 키워드 15

메타버스 Metaverse 1

#사례1. 여기 가상의 도시 '패션시티'(Fashion City)가 있다. 패션시티는 가상의 패션 메카다. 패션시티에 입장하면 전 세계 유명 디자이너들의 작품을 이것저것 둘러볼 수 있다. 아이쇼핑은 물론 마음에 드는 옷은 '사이버 미러링'(Cyber Mirroring)을 통해 직접 입어보고 암호화한 가상자산(암호화폐)으로 직접 구매할 수도 있다.

#사례2. 여기 가상의 대학 '한국대학'이 있다. 누구나 사전에 가상자산으로 등록금을 내고 수강 신청을 하면 입장할 수 있다. 이곳엔 국내외 유명인사들이 사이버 교수로 재직한다. 조순 교수가 『경제학 원론』을 강연하고 『정의란 무엇인가』의 저자 마이클 샌델 교수의 명강의도 들을 수 있다. 그뿐만 아니라 제휴한 예일대나 케임브리지대 등 해외 유명대학의 커리큘럼도 수강할 수 있다.

상상 속의 이야기가 현실로 다가오고 있다. 메타버스(Metaverse)라는 초월세계가 점차 구체화되기 때문이다. 메타버스는 '초월, 그 이상'을 의미하는 그리스어 '메타'(Meta)와 '우주'를 뜻하는 '유니버스'(Universe)의 합성어로, 미국 SF(공상과학) 작가 닐 스티븐슨의 1992년 SF소설 『스노 크래시(Snow Crash)』에서 처음 소개된 개념이다.

메타버스는 가상현실(VR)과 증강현실(AR)의 개념을 뛰어넘어 현실과 연계한 확장현실(XR)로서 아직까지 구체적인 정의를 내리지 못했다. 확실한 것은 메타버스가 가상세계와 현실 세계를 넘나들면서 아날로그와 디지털의 상호작용을 통해 새로운 가치를 창출한다는 점이다. 비대면이 일상화한 현실에서 메타버스는 가상세계의 '세컨드라이프'(Second Life)를 구현한다.

이미 메타버스는 현실화됐다. 미국 메타버스 게임업체 로블록스(Roblox)가 뉴욕증시에 성공적으로 상장하면서 메타버스의 잠재력은

스티븐 스필버그 감독의 『Ready Player One』이 현실로, 메타버스

높은 평가를 받는다. 국내에서도 네이버Z가 개발한 가상 아바타 플랫폼 '제페토(ZEPETP)'가 2억 명의 이용자를 확보하면서 세계적인 주목을 받고 있다. 메타버스는 엔터테인먼트, 전자상거래, 게임, 에듀테크는 물론 의료, 부동산, 제조 분야 등으로 확장한다. 최근 주목받는 3차원 메타버스 디센트럴랜드(Decentraland)는 부동산과 블록체인(Blockchain)을 기반으로 한 디지털 부동산 공간이다. 가상공간 속 부동산은 가상자산으로 거래되며 토지 소유권 역시 블록체인에 의해 기록된다. 여기에 핵심 기술이 NFT(Non-Fungible Token: 대체 불가능한 토큰)의 존재다.

메타버스는 걸음마를 이제 막 뗐다. 메타버스의 미래가 한낱 '신기루'인지는 아직까지 알 수 없다. 하지만 메타버스의 시장성은 엄청나다는 게 대체적인 전망이다. 컨설팅 기업 PwC에 따르면 메타버스의 기본 인프라인 XR시장은 2025년 540조 원, 2030년 1700조 원으로 성장할 전망이다. AI 시장이 2025년 350조 원으로 전망되는 것과 비교할 때 시장성을 가늠할 수 있다. 메타버스는 기술적 진보와 함께 창의적 기획과 아이디어가 핵심이다. 온라인과 오프라인의 연계, 아날로그와 디지털 영역을 관통하는 기획력, 이를 뒷받침하는 VR 및 가상자산, 데이터, 융합 보안 등의 진보기술이 메타버스 시대를 앞당길 것이다. 때문에 인문학적 사고와 확장기술의 조화가 요구된다. 물론 보안과 사생활 침해 등에 대한 안전장치가 필수다. 메타버스가 어떻게 세상을 바꿀지는 오로지 '미래를 창조하는 자'들의 몫이 될 것이다.

인공지능 2
AI: Artificial Intelligence

몇 년 전 한 지상파 방송사에서 고인이 된 가수 김광석 씨와 김현식 씨의 예전 모습과 목소리를 AI 기술로 복원해 공연하는 영상을 선보여 많은 팬을 향수에 젖게 했다. 머잖아 게리 쿠퍼나 신성일 씨 등 클래식 배우들이 AI 기술로 '리즈' 시절 모습으로 부활, 새로운 영화의 주인공으로 등장할 날도 멀지 않았다.

반면, 성차별 등 여러 논란에 휩싸여 서비스를 종료한 AI 챗봇 서비스 '이루다' 사태는 AI에 대한 양극단의 모습을 보여준다.

2017년 알파고와 이세돌의 대결로 촉발된 인공지능 열풍은 코로나19로 비대면 서비스가 자리 잡으면서 본격적으로 우리 생활에 녹아들어가고 있다.

AI란 용어는 1956년 존 메카시(J. McCarthy)와 마빈 민스키(M. Minsky) 등에 의해 처음 언급되었고, 인간의 지능처럼 사고하는 컴퓨터 프로그램을 연구하면서 사용되기 시작했다. 국내에서는 1990년대 초반

인공지능(AI)은 혁신적인 기술이지만, 고려해야 할 것도 많다

LG전자와 삼성전자의 '퍼지(Fussy) 세탁기' '카오스(Chaos) 세탁기'가 인공지능 가전제품으로 처음 소개되면서 '인공지능'이란 용어가 본격적으로 알려지게 됐다. 이후, 청소기, 에어컨 등 가전제품에 인공지능이 적용되어 일상생활에서 더 이상 낯설지 않은 용어로 진화했다. 인공지능 기술은 머신러닝(Machine Learning)에 이어 딥러닝(Deep Learning) 기술 등 관련 기술개발이 빨라지면서 사회 전 분야에 확산 중이다.

인공지능 기술은 '자율주행 자동차' '스마트 가전제품' '스마트 홈' 등 각종 스마트 제품에 본격적으로 도입되고 있다. 또한, 챗봇 등 아직 단순한 수준이지만, 반복적인 업무나 콜센터 등 일정한 패턴을 가진 영역에서도 빠르게 적용 중이다.

최근에 와서 인공지능은 보다 전문화되고 고도화된 영역으로 확대 중이다. 군사, 수술, 영상진단, 생산 등 전문적인 영역에서도 고도의 전문적인 의사결정을 지원하는 데까지 AI가 활용되고 있다. 각 산업계에서는 이러한 인공지능 기술에 대해서 수요 증가 및 시장 성장이 급속하게 이루어질 것으로 예상된다.

새로운 기술의 등장은 사회, 경제 전반에 획기적인 변화를 몰고 온다. 하지만 AI 열풍이 몰아치는 현재가 바로 우리가 고민해야 할 지점이기도 하다.

AI로 인한 윤리적인 문제와 법적 문제를 비롯해 AI가 만든 창작물은 어디까지 법적으로 보호받을 수 있는지 등의 해결과제들이 남겨있다. AI 기반의 의사결정 구조를 통해 비즈니스 결정을 내렸을 때 문제가 발생한다면 누구 책임이 될 것인가.

AI 자동차가 사고 났을 때, 제조사 책임인지, 운전자 책임인지에 대한 공방도 불가피하다. 더 심각한 것은 인명을 다루는 AI가 의료사고를 냈거나 실수했을 경우의 문제다.

AI로 인해 벌어지는 계층 간 격차는 어떻게 메꿀 것인지, AI로 인해 필연적으로 나타날 실업률 증가에 대비한 사회 안전망 구축에 대한 이슈도 AI가 확산하면서 풀어야 할 해결 과제다.

스마트 모빌리티 Smart Mobility 3

스마트 모빌리티(Smart Mobility)는 좁은 의미로는 전기차나 전동킥보드 같은 전력을 동력으로 삼는 차세대 개인용 이동 수단을 의미한다. 광의의 의미로는 첨단 정보통신 기술이 융합돼 교통 관련 이동 수단 및 관리영역까지 포함한다. 최근에는 도시 관제서비스와 연결된 포괄적인 개념으로 자주 사용된다.

스마트 모빌리티가 본격적으로 적용되면, 목적지까지 안전한 운행이 가능할 뿐 아니라 다양한 교통정보를 반영해 주행시간을 최적화할 수 있다. 스마트 모빌리티는 크게 퍼스널 모빌리티(Personal Mobility)와 미래형 자동차로 구분된다. 주위에서 흔히 보이는 전동킥보드, 전동스케이트보드, 전기자전거 등이 퍼스널 모빌리티라고 한다면, 자율주행차나 전기 자동차 등은 미래형 자동차로 분류된다.

스마트 모빌리티는 모빌리티라는 개념을 확대 적용해 공유형 모델

현대자동차는 2030년까지 레벨5 기술을 상용화할 계획이다. _출처: 현대자동차

로 진화하고 있다. 1인 가구가 증가하고 이동성도 편리한 데다 유지비용까지 저렴하다는 이점을 내세워, 모빌리티 시장은 빠르게 성장 중이다. 국토교통부에 따르면 2019년 기준으로 국내에서 스마트 모빌리티 시장은 15만7,000여 대가 판매됐는데, 이는 전년보다 25% 증가한 수치다. 2020년도에는 22만2,000대 가량 판매된 것으로 추정된다.

퍼스널 모빌리티는 위치기반 기술과 사물인터넷, 모바일 기술이 발전하면서, 차량 공유시장 성장성이 높게 평가받고 있다. 버스나 전철 등 대중교통 수단이 접근하기 힘든 단거리를 이동할 때 많이 사용 중이다. 이미 국내에서 20여 개의 스타트업이 전동킥보드 공유서비스 사업을 펼치고 있다.

전기 자동차의 경우 주행거리가 늘어나고, 성능도 개선된 데다 배터리 가격이 하락하면서 소비자 구매가 늘고 있다. 여기에다 배기가스 및 배출가스 규제가 한층 엄격해지면서 기존 가솔린이나 경유차 운전자들이 전기차로 바꾸는 경우도 많다.

한편 자율주행차는 전 세계적으로 빠르게 기술이 발전하고 있는 분야로 국내에서도 기술개발이 활발하다. IEEE(국제 전기 전자 기술자 협회)에 따르면 2040년경에는 전 세계적으로 판매되는 차량의 75%가 자율주행차가 될 것으로 예상한다. 자율주행차는 자동화 단계에 따라 레벨0(운전자 수동관리)에서 레벨5(완전 자율주행)까지 6단계로 구분된다. 자율주행차의 최종 지향점은 운전자가 없는 레벨5 수준이다. 현재 기술개발은 레벨3(부분 자율주행) 수준에 와 있으며, 누가 먼저 레벨5에 도달하느냐를 두고 경쟁이 치열하다.

현대자동차는 2022년 내로 레벨3 차량을 상용화하는 한편 서울 도심에서 시범적으로 레벨4(고도 자율주행) 수준의 로보택시(Robotaxi)를 시험 운영할 예정이다. 글로벌 테크 기업들도 최소 레벨4 수준의 자율주행차 개발에 전력투구하는 모습이다. 구글은 자회사 웨이모(Waymo LLC)를 통해 레벨4 자율주행차를 개발 중이다. 애플도 조만간 출시할 애플카(Apple Car)가 레벨4를 지향하는 것으로 알려졌다. GM의 자회사 크루즈(Cruise)도 레벨4단계 기술을 개발 중이며, 테슬라(Tesla)는 레벨3 이상의 자율주행차를 개발 중이다.

한편 레벨5 수준의 자율주행차가 기술적으로 가능하더라도 관련된 법적, 제도적 정비도 필요하다. 기술만큼 제도적 인프라가 완비돼야 한다는 의미다.

우주기술 Space Technology 4

할리우드 SF영화 중에 『에일리언(Alien) 시리즈』가 있다. 영화 속의 시대적 배경은 우주 개척 시기를 다루고 있다. 특이한 것은 이 영화 속 우주선을 쏘아 올린 주체가 정부가 아니라 '웨이랜드 유타니(Weyland Yutani)'라는 초 다국적 기업이라는 사실이다.

1979년도에 처음 개봉한 영화에서부터 이 회사는 정부나 국가를 초월한 막강 권력기관으로 등장한다. 대부분 영화를 낯설게 느껴졌던 대목이다. 당시의 상식으로 우주라는 미지의 세계는 정부 차원에서 추진하는 대규모 프로젝트로서, 일개 민간기업이 다룰만한 영역이 아니라고 여겼을 때다.

우주 시대가 본격적으로 열리고 있다. 2000년대 이전까지만 하더라도 우주 프로젝트는 미국과 러시아 등 국가 차원에서 추진됐다. 하지만 최근에 민간 우주 기업들이 하나둘 생겨나면서 민간 우주 시대가 열리고 있다.

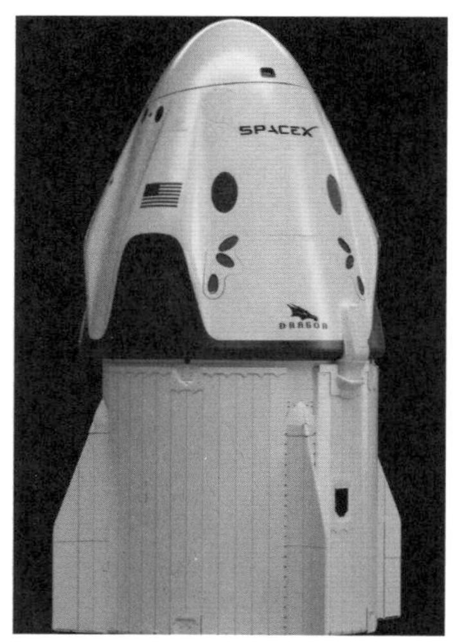

민간인 4명이 탑승한 스페이스X의 민간 우주 관광 유인선 크루 드래건(Crew Dragon) _출처: SpaceX

2020년 처음으로 정부 주도가 아닌 민간기업이 개발한 우주선이 우주에 도달하는 데 성공하는 기념비적인 이벤트가 발생했다. 바로 앨런 머스크(Elon Reeve Musk)가 설립한 스페이스X(Space X)의 첫 민간 유인선인 '크루 드래곤(Crew Dragon)'을 시발로, 본격적인 민간주도의 우주 시대가 열리게 됐다. 정부 주도에서 민간 주도로 바뀌는 현재의 우주산업을 뉴스페이스(New Space) 시대라고 일컫는다. 여기에는 테슬라 창립자 앨런 머스크, 아마존의 제프 베조스, 버진그룹의 리처드 브랜슨 등 억만장자들이 우주 관련 스타트업을 설립하면서 더욱 탄력을 받고 있다.

민간기업이 주도하는 우주산업은 크게 지구를 대상으로 하는 위성 사업(Space for Earth Economy)과 우주 개발을 대상으로 하는 비 위성 우주 사업(Space for Space Economy) 등으로 구분된다. 지구 대상 위성 사업은 인터넷이나 통신 인프라, 우주 관측, 국가 안보 위성 등의 사업이 대표적이다. 행성이나 위성 등에 자원을 발굴하거나 우주에서 생산되는 상품이나 서비스, 또는 우주 관광 사업은 우주 대상 사업이다. 또한, 화성 등 행성에 산업기지를 구축하는 것도 우주 대상 사업이라 할 수 있다. 최근 창업한 우주 관련 스타트업들 중에도 화성에 인프라를 수립하는 것을 목표로 삼는 기업도 등장했다. 국가 차원에서 우주 시장을 개척하는 국가도 늘고 있다. 중국, 인도, 일본 및 유럽을 비롯해 우리나라에서도 우주 기술개발에 한창이다.

과거에는 우주 기술이 군사적 측면에서 부각됐으나 지금은 안보뿐만 아니라, 국민 생활의 질적 향상은 물론 경제적인 측면, 국가적 위상 등 다양한 분야로 영향력이 확대되는 중이다. 한국무역협회는 최근 우주산업의 트랜드를 크게 민간투자 확대, 상업적 비즈니스 모델 확산, 기술 및 비용 혁신, 위성 수요 및 영역 확장, 국가 간 우주개발 경쟁 격화 등 5가지를 꼽기도 했다.

우주산업이 주목받으면서 우주 시장도 커지고 있으며, 벤처 자금도 몰리고 있다. 한국무역협회 따르면 2009년부터 2021년 상반기까지 전 세계 1,553개 우주기업에 투자된 금액만 230조 원에 달한다. 시장규모도 역시 가파르게 성장하고 있는데, 모건스탠리와 미국 위성산업협회(SIA)에 따르면 2016년 우주산업 규모가 3,300억 달러에서 2040년에는 1조 달러를 넘어설 것으로 예측되고 있다. 우주산업은 첨단 디지털 기술이 총망라된 시장으로 우주 기술력 확보가 미래 국가 경쟁력까지 좌우할 것은 분명해 보인다.

스마트 시티 Smart City 5

영화 『아수라』에 등장하는 가상의 도시 '안남시'는 오래되고 낙후한 데다 범죄도시로 악명이 높았다. 하지만 이제 안남시는 흉흉한 도시가 아닌 누구나가 살고 싶어 하는 워너비시티(Wannabe City)가 됐다. 바로 스마트 시티(Smart City)로 거듭났기 때문이다.

안남시 경찰들은 예전보다 한가롭다. 강력범죄가 획기적으로 줄었기 때문이다. 도시 전체가 24시간 보안 시스템이 가동되는 데다 곳곳에 360도 지능형 CCTV가 작동하며, 첨단 안면인식시스템을 통해 혹시 모를 범죄인의 소재를 정확히 파악할 수 있다.

첨단 스마트도시로 거듭난 안남시에는 주차난은 다른 세상 이야기다. 모든 안남시민은 주차장 앱이 깔려 있어 본인이 원하는 곳에 가서 앱을 실행해 빈 주차장을 검색하고 곧바로 차를 주차하면 된다. 이것도 가끔 있는 일이다.

자율주행차가 보편화해 본인 소유 자가용을 갖는 경우도 드물다. 필

스마트 시티는 첨단 기술이 총 망라된 오케스트라 도시다. _ 출처: infineon

요할 때마다 실시간으로 자율주행 택시를 불러 원하는 장소에 갈 수 있다.

금융 거래는 모두 블록체인 시스템으로 구현, 전화금융사기나 보안사고 위협도 사라졌다. 안남시 공무원들도 서류 더미에서 벗어나 대민서비스에 더 충실할 수 있게 됐다. 24시간 온라인 전자행정시스템이 구현돼 시민들은 원하는 서류를 언제 어디서든 제공받을 수 있는 데다 도시 구석구석에 가이드봇(Gudie Bot)이 설치돼 시내 구석구석을 실시간으로 안내받을 수 있다.

가정에서는 또 어떤가? IoT(사물인터넷)를 활용해 식료품 유통기한을 실시간으로 제공받는 한편 가정에 있는 스마트 냉장고에 적정 재고를 쌓아놓고 있다가 재고가 바닥 날 무렵이 되면 가상자산으로 금액을 지불하고 스마트 냉장고와 연계된 마트에서 즉시 필요한 물품이 배달된다. 갈수록 늘어나는 노령층을 위해 AI와 각종 센서로 노인 생활에 편리를 제공하는 생활보조시스템이 작동돼 거동이 불편한 노령층도 만족스러운 삶을 살고 있다.

이뿐만이 아니다. 도시 전체는 가정용 태양에너지로 운영되고 전기 자동차가 일반화한 데다 IoT 솔루션을 통해 배출가스가 현격히 감소하면서 친환경 도시로 변모했다.

이상은 현재 전 세계적으로 진행 중인 스마트 시티 구현 사례를 영화『아수라』에 등장하는 가상의 도시 안남시에 적용한 사례다.

전 세계적으로 스마트 시티 붐이 최고조에 이르렀다. 스마트 시티는 첨단 기술의 경연장이다.

시장규모만 봐도 그렇다. 글로벌 조사기관 마켓&리서치에 따르면 2020년 전 세계 스마트 시티 시장규모는 무려 1조4,446억 달러다. 스마트 시티는 4차산업혁명 관련 핵심 기술들의 '오케스트라'다.

전 세계 최초로 5G 서비스를 시작한 한국이 충분히 강점을 내세울 수 있다. 이미 건설 분야에서 세계적 기술을 보유했고 5G 통신망 등 톱레벨의 IT 인프라 기술력을 보유한 한국이 세계 스마트 시티 시장을 선도할 수 있는 장점을 갖췄다. 스마트 시티 시장은 이제 태동기다. 몇몇 기술력에서 선진국에 비해 다소 미흡하지만, 우리에게는 충분한 승산이 있다. 스마트 시티를 통해 융복합 첨단 기술의 경연장에서 우리 미래의 승부를 걸어볼 중요한 기회가 온 것이다.

에듀테크 Edutech 6

에듀테크(Edutech)는 지금으로선 가장 주목할 만한 차세대 교육 서비스 모델이다. 에듀테크는 첨단 정보통신기술인 가상현실 · 증강현실, 인공지능 및 빅데이터 등을 활용해 교육부문에 접목, 입체적인 학습 서비스 등을 통해 교육의 질적 수준을 높여준다. 에듀테크는 이전 원격교육에 비해 2~3단계 진화한 개념이라고 할 수 있다.

이러한 에듀테크 서비스는 국내외 교육현장에서 구현되고 있으며 기술적 진보 역시 한층 빨라졌다.

한국은 에듀테크 서비스가 정착될 수 있는 탄탄한 기반을 갖춘 나라다. 세계적으로 교육열이 가장 높은 데다, 특히 5G를 세계 최초로 상용화할 정도로 기술인프라도 앞서 있다. 더욱이 전 국민의 90% 이상 스마트폰을 사용하고 있으며 첨단기기 활용능력도 세계적으로 가장 앞선 국가이기도 하다. 때문에 에듀테크 서비스 어느 국가보다 교육열이 높고, IT인프라가 잘 구축된 우리나라에서 가장 효과적으로 사

에듀테크는 비대면 시대의 교육 서비스 혁신을 주도한다. 국내 에듀테크 업체 Ringle이 제공하는 영어공부 튜터 프로그램 _출처: Ringle

용할 수 있는 훌륭한 교육 툴로 활용도가 더욱 높아질 것이다.

에듀테크 서비스는 기존 교육에 신기술을 융합하는 수준부터 학습 교구, 교육자원, 행정업무 지원까지 교육 시스템 전반에 활용되고 있다. 특히 실시간 입체적인 영상과 기존 일방식 교육에 의존하던 온라인 교육과 달리, 학생과 교사 간의 상호 커뮤니케이션을 토대로 학습이 이루어진다는 점에서 진일보한 교육 서비스다. 인공지능과 빅데이터 기술이 결합해 학생 개개인의 수준에 맞게 교육 프로그램을 제공함으로써 교육의 질적 측면에서도 수준을 높였다.

특히 이러닝(E-Learning)은 기존 오프라인 강의를 그대로 온라인으로 옮겨 놓기 위한 접근 방식이었다면 에듀테크는 교육 효과를 향상시키기 위한 학습 빅데이터 분석 기술, 학습 에이전트 기술, MOOC(온라인 공개강좌), 학습 데이터 분석 기술, 소셜러닝 콘텐츠 서비스 기술 등을 포함한다.

코로나 상황에서 학교 현장은 온라인으로 빠르게 전환되고 있다. 물론 실질적인 교육 효과를 누리기 위해서는 대면 학습이 필수적이지만, 에듀테크를 제대로 접목한다면 온-오프 영역에 걸쳐 훌륭한 대안이 될 수 있다. 교육은 백년지대계라고 했다. 우리의 미래를 책임질 초 · 중 · 고생들을 위한 선진 교육 시스템을 구축하는 것은 앞으로 몇 년간 가장 중요한 이슈가 될 것이다.

관건은 온라인 교육이 대면 수업 이상의 학습효과를 구현할 수 있는지다. 학생들을 위한 보편적인 온라인 교육 서비스를 제공하는 것은 우리나라의 미래를 좌우한다는 점에서 다른 어떤 정책보다 최우선 순위에 두어야 함은 두말할 나위도 없다.

핀테크 Fintech 7

핀테크(Fintech)는 Financial(금융)과 Technique(기술)의 합성어로 전통 금융산업에 모바일, SNS, 빅데이터 등 첨단 IT기술이 접목된 새로운 형태의 금융기술을 의미한다. 의사결정이나 위험관리 등 내부업무는 물론이고 온라인 이체와 지불 등 금융업무 전반에 영향을 미치는 기술이다. 이러한 핀테크 기술은 ICT 기술발전과 함께, 금융환경이 급속도로 변화하고 소비자들 역시 편리한 금융서비스를 요구하면서 금융권의 핵심 키워드로 부각되고 있다. 이와 유사한 개념으로 테크핀(Techfin)이란 용어도 쓰이는 데, 테크핀은 금융보다는 기술에 방점을 둔다는 의미다.

지난 2008년 미국 서브프라임 모기지 사태, 2012년 글로벌 금융위기 여파로 저성장, 저금리 기조가 이어지면서 금융권으로선 새로운 돌파구가 필요했고, ICT 융복합 서비스인 핀테크에 관심을 갖게 된 것이다. 금융권에서는 새로운 채널들이 잇따라 등장하고 예전의 금융

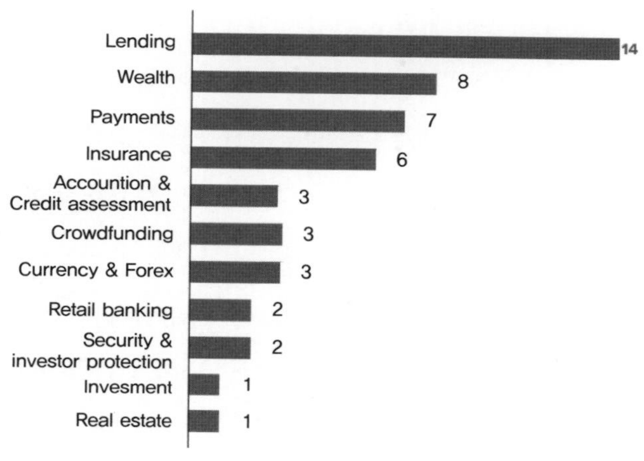

상위 50대 핀테크 기업들은 대출, 재산, 지불, 보험 영역을 주사업분야로 채택 중이다. _출처: Finleap

거래 방식과 차별화된 서비스가 필요해진 데다, 규제 완화로 ICT 기업들이 금융 시장 진출이 활발해진 것도 핀테크 시장의 성장기반이 됐다. 무엇보다 스마트 기기 보급이 확대된 데다, SNS 등 관계망 서비스가 활발해지면서, 기존 은행 업무만으로 새로운 고객을 확보가 힘들다는 점도 한몫했다. 특히 최근에는 대출받기 힘든 밀레니얼(MZ) 세대들에게 다양한 금융서비스를 제공하는 핀테크 기반 스타트업들이 세계적으로도 많은 투자를 받으며, 미래의 잠재고객들을 확보하고 있다. 금융권으로서는 핀테크를 통해 예전에 진행하던 금융업무도 지원하고 비용도 줄이는 동시에 한층 복잡해지고 까다로워진 금융 소비자의 입맛을 맞출 수 있게 된 셈이다. 이에 따라 핀테크는 기존 금융 산업이 담당하던 서비스와 ICT 기술이 결합하여 새로운 부가가치를 창출할 것으로 전망된다. 또한, 새로운 금융 채널을 발굴하고 ICT 기업의 금융업 진출을 촉진해 관련 산업의 확대도 예상된다.

핀테크 산업은 스마트폰을 활용한 송금 및 지급결제 서비스가 확대되면서 기술개발이 급진전하는 추세다. 시장규모도 코로나 상황과 맞물려 폭발적인 성장을 거듭하고 있는 데다, 스마트폰을 이용한 금융 서비스가 더욱 확산되고 있다. 특히 모바일 트래픽 증가는 개인과 기업의 신용평가 및 금융 거래에 대한 새로운 분석이 가능한 기초 데이터를 제공함으로써 대출, 보험 등 사업방식의 변화를 촉발한다.

핀테크 산업은 초기 지급결제 분야를 중심으로 투자가 진행됐다면 2008년 이후 지급결제 비중은 점차 축소되고, 2013년에는 금융소프트웨어와 금융 데이터 분석 부문에 대한 투자가 높은 비중을 차지한다.

국내는 지급결제 중심의 투자가 이루어지고 있으나, 향후 시장 성장에 따라 소프트웨어, 분석, 플랫폼 영역에 대한 투자가 확대될 것으로 예상한다. 핀테크 시장의 성장 가능성을 보고 플랫폼, 유통, 이동통신 기업 및 스타트업의 비즈니스 영역 확장을 위한 진출도 빨라지고 있다. 이와 함께, 핀테크 전문기업들은 모바일 단말기에 기반을 둔 서비스, 빅데이터 분석을 통한 재무관리 및 신용 리스크 평가 등을 통해 기존 금융기관보다 현저히 낮은 비용의 서비스를 제공한다. 핀테크 기업은 빠르게 시장을 잠식하고 있으며, 결제서비스에서도 스마트폰 기반으로 접근하기 쉬운 데다, 기술적으로도 사용하기 편하다는 장점 등으로 높은 성장이 예상된다.

디지털 헬스케어 8
Digital Healthcare

복지사회가 된다는 것은 사회 전반에 걸쳐 의료 서비스가 확대됨을 의미한다. 사회적으로 개인 건강에 관심도가 예전에 비해 높아지고 고령화 문제로 실버세대가 늘어나면서 건강 관련 지출도 늘어나고 있다. 이러한 의료와 건강 분야에 신기술들이 접목되면서 디지털 헬스케어(Digital Healthcare)가 새로운 기술로, 시장으로 부상하고 있다. 특히 코로나 팬더믹 상황에서 개인 건강관리에 관한 관심은 예전보다 훨씬 더 높아졌다. 디지털 헬스케어는 인공지능이나 빅데이터 등 최신 정보통신 및 바이오 기술을 건강이나 의료 서비스 영역에 접목하는 개념이다. 디지털 헬스케어에는 모바일 헬스케어(Mobile Healthcare), 원격진료, 개인맞춤형 건강관리 등까지 모두 통틀어 칭하는 용어다.

건강문제는 코로나 팬더믹 상황처럼 누구에게나 주된 관심사다. 질병을 치료하는 것 못잖게 개인 건강관리에 다들 여념이 없다. 다이어트, 피트니스, 비건(Vegan) 열풍은 이러한 현상을 대변한다. 밀레니얼

(MZ) 세대들은 스마트 워치로 자신의 건강기록을 정리한다.

코로나 여파로 원격진료 범위도 확대되고 있다. 국가적인 차원에서 원격 의료의 확대도 지속되고 있다. 미국과 일본은 원격진료를 원칙적으로 허용하고 있는 나라로서, 미국은 초진부터 가능하며 일본은 초진과 급성질환을 제외한 재진 등에 원격 의료가 가능하다. 아직까지 국내에선 원격진료가 불법이지만, 세계적인 추세를 볼 때 원격진료는 허용될 전망이다.

디지털 헬스케어 시장은 빅테크 기업들에게 신성장 모델로 각광받고 있다. 시장조사기관 스태티스타(Statista)에 따르면 전 세계 디지털 헬스케어 시장은 2021년 2,680억 달러에서 2025년에는 4,000억 달러가 늘어난 6,570억 달러로 예상된다. 4년 새 시장 크기가 배 이상 늘어난다는 것은 그만큼 성장 잠재력이 높다는 것을 말한다. 특히 최근 들어 스마트 워치 등 웨어러블(Wearable) 기기 보급이 늘어나고 기반 기술인 클라우드 컴퓨팅이 본격적으로 적용되면서 디지털 헬스케어 시장의 인프라는 탄탄하다.

현재 디지털 헬스케어 시장은 디바이스 판매와 서비스가 주된 사업으로서 디지털 헬스케어 관련 기술과 함께 시장도 커지고 있다. 업체들도 원격 의료 기술을 도입하는 사례가 늘고 전자의무기록(EHR)이 활성화되고 있음에 주목한다. 장기적으로 헬스케어 IT 시장을 견인할 것으로 예상하기 때문이다.

특히 스마트 헬스케어 분야는 ICT 기업들의 플랫폼 경쟁이 치열한 분야다. 여기서 시장주도권을 갖는다면, 디지털 헬스케어와 연계

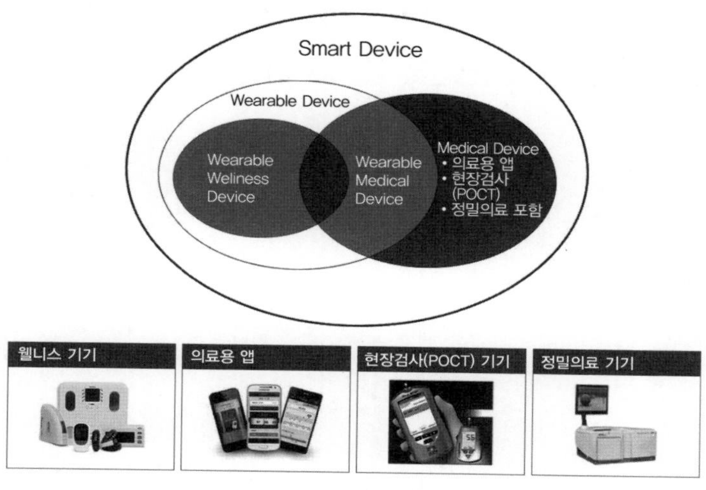

디지털 헬스케어는 스마트 디바이스, 의료용 앱, 현장검사, 정밀의료 등을 포함한 메디컬 디바이스 분야를 포함한다. _출처: 디지털헬스케어소프트웨어 시험평가센터

된 다양한 사업을 펼칠 수 있기 때문이다. 아마존은 2018년 온라인 약국인 '필팩'(PillPack)을 인수해 온라인 약국 서비스인 '아마존 파머시'(Amazon Pharmacy)를 운영 중에 있다. 구글은 2019년 말 웨어러블 기기 전문업체 '핏비트'(Fitbit)를 인수하면서 시장에 진출하고 있으며, 애플은 보험회사와 손잡고 애플워치 데이터를 활용한 앱을 출시했다. 글로벌 업체외에도 국내에서도 삼성과 LG가 차세대 성장 모델로 디지털 헬스케어 분야를 정조준 중이다. 통신 3사도 5G 기반의 헬스케어 사업을 확대하고 있다. 여기에다 네이버, 카카오 등과 같은 검색 및 포털업체, 컴투스나 넷마블 등 게임업체들도 속속 이 시장에 참여하고 있다.

블록체인 Block Chain 9

블록체인(Block Chain)은 가상화폐 거래 또는 온라인 금융 거래 시 발생할 수 있는 해킹을 막아주는 기술로써 대표적인 온라인 가상화폐 비트코인의 핵심 기술이다.

P2P(Peer to Peer) 네트워크를 통해서 관리되는 분산 데이터베이스의 한 형태라 할 수 있다. 거래 정보를 담은 장부를 특정한 중앙 서버에 두는 게 아니라 블록체인에 연결된 여러 컴퓨터에 보관하고 저장하는 기술로서 안전한 거래를 보장한다.

블록체인이라는 개념은 2008년 '사토시 나카모토'라는 개발자가 암호화 기술 커뮤니티 메인(Gmane)에 '비트코인:P2P 전자 화폐 시스템'이라는 논문을 게재하면서 처음 알려졌다.

2016년 세계 경제포럼(WEF 다보스포럼)에서 사물인터넷, 자율주행차 등과 함께 '떠오르는 10대 기술'로 블록체인이 선정되면서 대중화됐다.

블록체인의 특징은 무엇보다 안전한 거래를 보장한다는 데 있다. 기존 금융업체들이 중앙의 특정한 서버에 거래기록을 보관한다면, 블록체인 기술은 거래 내역 정보가 특정 서버에 집중되지 않고 온라인 네트워크 참여자의 컴퓨터에 똑같이 저장된다.

모든 참여 구성원들에 의해 정보 및 가치가 저장되고 실행되며 거래가 기록되는 장부 자체가 개방되어 있어 수시로 검증되기 때문에 해킹이 원천적으로 불가능하다.

온라인상에서 안정적인 가상화폐 구현을 위하여 만들어졌기 때문에 블록체인 기술은 초기에는 금융 거래 중심으로 개발되었으나 지금은 은행, 증권회사, 전자상거래 기업, 솔루션 기업 등으로 확대되고 있다. 분산형 구조로 이루어져 거래의 투명성과 안정성을 확보하는 장점 때문에 금융기관들은 파트너십을 맺고 자사 시스템에 블록체인을 구축하고 있다. 금융권에서는 주로 증권거래, 결제 · 송금, 투자 · 대출, 무역 금융 등 이미 많은 분야에서 관련 서비스를 제공 중이다.

금융권에서 블록체인 기술을 차세대 보안 기술로 선택해 도입을 서두르고 있으며, 전자문서 산업, 온라인 투표, 본인 인증, 헬스케어 등 다양한 분야에서 확산되고 있다.

블록체인은 접근 권한에 따라 누구나 제한 없이 운영하고 참여할 수 있는 퍼블릭 블록체인(Public Blockchain)과 특정 네트워크상에서 특정인만 대상으로 참여할 수 있는 프라이빗 블록체인(Private Blockchain) 등 두 가지로 구분된다.

최근 들어 암호화 화폐가 주류 금융권에서 관심을 받는 데다, 메

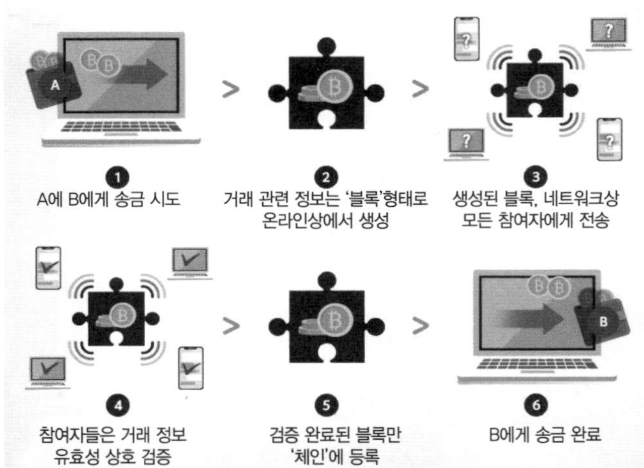
A
B
1
A에 B에게 송금 시도
2
거래 관련 정보는 '블록'형태로
온라인상에서 생성
3
생성된 블록, 네트워크상
모든 참여자에게 전송
4
참여자들은 거래 정보
유효성 상호 검증
5
검증 완료된 블록만
'체인'에 등록
6
B에게 송금 완료

블록체인을 통한 거래 방식은 안전을 보장한다. _출처: www.samsungsemiconstory.com

타버스 등 가상현실 공간이 열리면서 한층 업그레이드된 블록체인 3.0 시대가 열리고 있다. 블록체인 3.0 시대는 특히 주목할만한 핵심 이슈가 NFT(대체 불가능한 토큰, Non Fungible Tokens), DeFi(분산형 금융, Decentralized Finance), CBDC(중앙은행 디지털 화폐, Central Bank Digital Currency), DID(탈중앙화 신원인증, Decentralized Identifier) 등이 꼽힌다.

스마트 팩토리 Smart Factory 10

스마트 팩토리(Smart Factory)는 제조업의 4차산업혁명이다. 산업혁명은 각 단계별로 증기기관(제1차), 전기장비(제2차), 전자회로(제3차) 등에 의해 생산성을 혁신해 왔다.

기술융합과 생산혁신은 제조비용을 절감할 뿐 아니라, 고객 요구를 만족시키고 새로운 시장을 만들어내는 등 기회를 제공한다. 스마트 팩토리는 이처럼 각 단계별 산업혁명이 발전을 거듭, 4차산업혁명 관련 기술이 본격적으로 적용되면서 막을 올리고 있다.

스마트 팩토리는 스마트한 공장을 일컫는다. 스마트 팩토리가 도입되기 이전에는 주로 공장 자동화(FA: Factory Automation)란 개념이 도입됐다. 공장 자동화가 공장 내 각종 설비나 부품의 이동이나 경로를 자동화하고 품질 관리를 자동화하는 개념이라면, 스마트 팩토리는 이보다 진화한 의미다.

사물인터넷, 빅데이터, 클라우드 컴퓨팅, 로봇 같은 새로운 정보통신 기술이 유기적으로 결합하고 연계돼 공장 내 장비나 부품을 연결하고 상호 소통하는 생산체계다. 스마트 팩토리가 도입된 공장은 이전과는 비교할 수 없을 정도로 생산성이 높아지고 품질관리 수준도 높아진다. 무엇보다 인적 자원에 의존하던 모습에서 탈피해 지능화된 로봇 시스템이 도입돼 더욱 세련된 공장으로 거듭난다.

종전의 공장 모습은 기성품을 만드는 소품종 대량생산 체제에 어울렸다면, 소비자 요구가 다양해지면서 이제는 다품종 소량생산 체제를 구축하는 게 중요해졌다. 스마트 팩토리를 도입하면 제품 기획에서 부터 설계 및 생산, 유통 등 모든 과정이 정보통신 기술로 운영하게 된다. 당연히 지능화된 시스템을 갖추었기 때문에 최소의 비용으로 최단 시간에 여러 종류의 제품을 생산할 수 있게 된 것이다

이처럼 제대로 된 스마트 팩토리를 운영하기 위해선 여러 가지 복잡한 기술들이 서로 매끄럽게 연결돼야 한다. 특정 기술만 발전하고, 다른 지원하는 기술이 미흡하다면 제대로 된 스마트 팩토리를 구축할 수 없다.

이러한 기술에는 특히 소프트웨어 기술과 플랫폼 기술, 디바이스 기술 등이 핵심 요건이다. 소프트웨어는 현장에 있는 설비장치나 기기에서 수집된 데이터를 분석하고 정해진 규칙에 따라 올바르게 판단할 수 있는 능력이 있어야 한다. 또한 생산과정에서 발생하는 여러 가지 정보를 감지하고 소프트웨어에 전달해 분석하고 판단해 결과를 생산과정에 알려주는 센서나 제어기기 등의 기술도 필요하다.

스마트 팩토리는 특히 제조업을 주력 산업으로 하는 우리나라와 독

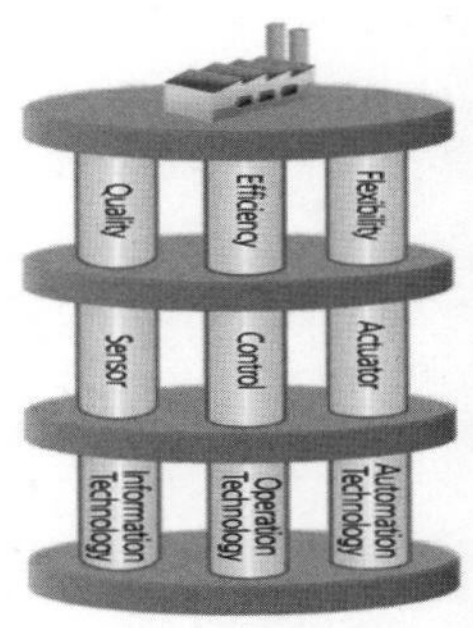

구분	요건	내용
성과 요건	품질 (Quality)	공장의 운영 목표로서 품질 보증 수준의 품질 관리에 대한 지향점
	효율성 (Efficiency)	공장의 운영 목표로서 효율적 운영 수준, 제조 원가 경쟁력 의존
	유연성 (Flexibility)	공장의 운영 목표로서 변화에 대한 민첩한 대응 수준(변경 운영 수준)
기능 요건	센서 (Sensor)	조업조건 등 제조에 영향을 미치는 인자에 대한 수집 기능(감지력)
	통제 (Control)	감지된 데이터에 의거해 정보로 의사결정을을 할 수 있는 판단력
	작동 (Actuator)	판단의 결과가 생산 운영에서 이해될 수 있도록 수행하는 기능
기술 요건	정보기술 (InformationTechnology)	정보처리 IT기술 즉, HW, SW 및 MW에 대한 기술
	운영기술 (OperationTechnology)	제조에 필요한 업무 운영 기술 (제조기술, 업무프로세스, 기준 등)
	자동화기술 (AutomationTechnology)	제조에 필요한 업무 운영 기술 (제조기술, 업무프로세스, 기준 등)
신기술		USN, IIoT, BigData, CPPS, Cloud 등

스마트 팩토리는 제조업 부활의 선봉장이다. _출처: Deloitte(2017)

일 같은 나라에서 그 중요성이 높아진다. 우리나라는 전체 산업에서 제조업이 차지하는 비중은 30%가 넘는 제조업 강국이다. 하지만 최근 몇 년 사이 중국 등 신흥국들이 치고 올라오고, 소비에 의존하던 미국이나 유럽 등 선진국들도 제조업을 되살리기 위해 투자를 늘리면서 '제조업 위기론'이 부상했다.

새로운 시장을 개척하거나 첨단 기술을 개발하는 것도 중요한 과제이지만, 무엇보다 공장을 혁신적으로 바꾸기 위한 노력도 병행해야 한다는 점에서 스마트 팩토리가 국내 제조업에서 특히 중요성 커지고 있는 이유다.

로봇 Robotics 11

앞으로 로봇은 AI와 결합해 우리 사회에 더 많은 역할을 수행할 것이다. 전문가가 아니더라도 누구나 이런 예상이 가능하다. 로봇 기술의 발전은 인간으로서는 양날의 검이다. 지능화된 로봇은 인간이 할 일을 대신할 수 있다. 간단하고 반복적인 일들은 이미 로봇으로 빠르게 대체하고 있다. 노동집약적이거나 단순 반복된 일을 로봇이 수행한다면, 인간의 삶의 질은 지금보다 훨씬 높아질 것이다. 물론 긍정적으로 해석했을 때 가능한 얘기다.

하지만 로봇의 발전은 인간의 노동력을 대체해 실업 사태를 야기할 수 있다. 한국고용정보원에 따르면 앞으로도 인간의 노동력 가운데 49%는 로봇이 대신할 수 있을 것으로 예측했다.

현재 개발되는 로봇들도 용도에 따라 산업용(Industrial) 로봇과 서비스용(Service) 로봇으로 구분된다. 산업용 로봇은 공장 등 산업현장에서 활용되는 로봇을 말하고 서비스용 로봇은 우리 일상생활을 같이 하는

분야	분야별 지능형 로봇		비고
제조 로봇	검사 로봇	산업용 로봇	경동나비엔, '검사로봇'/덴스, '산업용 로봇'
가사지원/실버로봇	가정용 로봇	가사 지원로봇	카이스트, '마이봇'/소프트뱅크, '페페'
교육/오락로봇	코딩로봇	애완로봇	메이크블록 '엠보&엠봇레이저' 소니, '아이보'
의료/헬스케어 로봇	방역로봇	협진로봇	SKT, '방역로봇'/퓨처로봇, 'FURo-M'
국방/안전로봇	폭발물 탐지 · 제거 로봇	화재 로봇	한화디펜스, '폭발물 탐지 · 제거로봇'/KT, '화재 진화로봇'
해양/환경로봇	수중건설로봇	환경로봇	한국해양과학기술원, 'URI-T' / LGU+, '5G 환경로봇'

지능형 로봇의 발전이 빨라지고 있다.

헬퍼(Helper) 로봇이다. 서비스용 로봇은 개인 서비스 로봇과 전문 서비스 로봇으로 다시 구분된다. 개인 서비스 로봇으로는 소니가 개발한 애완견 로봇인 아이보(AIBO)나 혼다가 개발한 아시모(ASIMO) 로봇 등을 말한다. 일본에서 특히 발전했다. 전문 서비스 로봇은 코로나 상황에서 많이 활용된다. 방역이나 간병 등은 물론 국방 등 전문적인 분야에 투입된다. 요즘은 구급 작업이나 극한 작업에 투입되거나 군사용도로 쓰인다든지, 건설현장에 투입되는 로봇개발이 활발한데, 이를 '휴머노이드'(Humanoid) 로봇이라고 한다.

로봇에 대한 막연한 생각은 공상과학 영화나 70-80년대 TV 만화 주인공들을 떠올리는 경우가 많다. 당시에는 상상 속에 그쳤지만, 지금은 점점 현실 속으로 빠르게 다가오고 있다. 앞으로 로봇은 점점 지능화 수준이 높아질 것이기 때문이다.

우리나라의 로보틱스 산업은 전 세계적으로 산업용 로봇 활용 수준이 높다. 산업용 로봇 생산은 세계 4위, 산업용 로봇 시장규모는 세계 2위를 다툴 정도다. 특히 자동차나 전기, 전자업종 분야에서 많이 사용된다.

하지만 핵심 부품과 소프트웨어 자립도가 낮고 서비스 로봇 산업은 경쟁력이 다소 떨어지는 편이다. 로봇은 앞으로도 개발 여지가 많은 분야이고, 성장성도 높아 국내외 빅테크(Big Tech) 기업마다 로봇개발에 나서고 있어 앞으로도 경쟁은 더욱 치열해질 것이다.

3D프린팅 3D Printing 12

글로벌 공급망 재편의 일환으로 '지구촌 공장' 중국에 편중된 생산기지를 본국이나 여타 국가로 이전하려는 움직임이 활발하다. 여기에는 코로나19 발병 초기, 마스크 등 방역물품 확보에 애먹었던 미국 등 소비국가들이 최소 전략물자만이라도 자체 시설을 갖춰야 한다는 명분을 앞세워 자국의 제조업 부흥을 꾀하는 것과 맥을 같이한다.

사실 코로나19 이전에도 세계 각국은 미국과 중국의 무역분쟁 여파, 제조업 부흥전략 등을 이유로 '탈중국화' 정책을 지속해왔다. 글로벌 공급망 재편은 크게 두 가지 방향으로 전개된다. 하나는 제조업 부흥과 이를 통한 실업률 해소가 목적인 각국의 리쇼어링(Reshoring: 본국회귀) 정책이고, 또 하나는 예측 불가 상황에서도 핵심 부품을 원활하게 얻기 위해 안전한 생산기지 확보를 위한 전략적 재편이 그것이다.

우리 입장에서 최근 가속화되는 글로벌 공급망 재편은 위기와 기회로 다가온다. 하지만 수출이 경제의 70% 이상을 차지하는 우리 현실에 무리하게 리쇼어링을 추진하는 것은 득보다 실이 더 클 수 있다는 점을 유념해야 한다. 해외에 진출하는 경우 당사국 현지에 공장을 건립할 것과 현지인 채용을 조건으로 내세우는 경우가 많기 때문이다. 따라서 리쇼어링보다 생산기지를 한국으로 이전시키는 쪽에 더 초점을 맞출 필요가 있다. 이럴 경우 국내 제조경쟁력 제고와 고용에도 상당한 이점이 될 수 있다.

이를 위해선 무엇보다 디지털 기반의 제조시스템을 구축하는 게 중요하다. 다행인 것은 한국이 제조강국으로서 노하우와 함께 소프트웨어 등 정보기술도 높은 수준이다. AI와 로봇 등으로 맞춤형 자동화 라인 등을 갖춘 스마트팩토리가 구축된다면 충분히 승산이 있다. 특히 이중 3D프린팅 기술은 제조업 4차산업혁명의 핵심테마로 꼽힌다. 디지털 기반의 스마트팩토리가 필수 인프라라고 한다면, 3D프린팅은 여기에 날개를 달아주는 '비상(飛上) 기술'이기 때문이다.

문제는 3D프린팅이 AI나 빅데이터 등에 비해 국내에선 주목도가 낮다는 데 있다. 여전히 출력속도가 느린 데다 플라스틱 소재로만 제작돼 양산에 한계가 있다. 때문에 시장성도 낮게 평가받아 타 분야보다 관련 스타트업에 대한 투자도 저조하다. 설상가상 최근에 유해소재 논란까지 더해지면서 엎친 데 덮친 격이 됐다.

하지만 이미 선진국들은 3D프린팅 기술을 활용한 제조업 혁신에 적극적으로 나서는 중이다. 해외사례를 보면 국방, 건축, 식품, 의료 등 활용범위는 더욱 넓어지고 있다. 미국에서 3D프린팅으로 만든 주택이 최초로 부동산 시장에 출시돼 이목을 끌었다. 독일은 자동차 부품

3D프린터로 제작한 색다른 디자인의 차들이 조만간 거리로 쏟아져 나올 것이다. 3D프린터로 제작된 전기차, The LSEV _출처: Polymaker

생산에 3D프린팅 기술을 활용해 대량 생산에 나섰다.

컨설팅 기업 가트너는 의료기기 분야의 경우 2023년이면 25%가 3D 프린팅을 사용할 것이고 예측했다. 3D프린팅이 차감식 제조에 익숙한 우리에겐 낯선 기술이지만, 3D프린팅은 제조의 특이점을 만들 충분한 잠재력을 갖고 있다. 글로벌 공급망 재편이 활발한 지금, 스마트 팩토리 강국을 지향하는 우리에게 주어진 기회의 마지막 종착역에 3D 프린팅 기술이 존재한다.

현재까지 시장에 선보인 3D프린팅의 진정한 가치는 1%에 지나지 않는다. 창의적인 아이디어와 도전적인 실험이 필요하다.

클라우드 컴퓨팅 13
Cloud Computing

클라우드 컴퓨팅(Cloud Computing)이란 외부에 존재하는 전산센터나 컴퓨팅 자원을 대가를 지불하고 필요한 IT기술을 이용하는 개념이다. 여기서 중요한 것은 필요로 할 때마다 빌려 쓴다는 것. 과거에는 기업의 전산 자원은 자체적으로 보유해야 하는 설비시설처럼 취급했다. 하지만 이제는 기업들이 굳이 IT자원을 기업 내부에 둘 필요가 없게 됐다. 내부에 IT자원을 구축하면 일단 공간도 필요하고, 비용도 과다하게 발생한다. 갈수록 IT기술이 발전하는데 매번 비싼 장비를 새로 들여오는 것도 만만찮은 비용이 소요됐고 전문 IT인력을 계속 유지하기도 쉽지 않았다.

클라우드 컴퓨팅은 구독형 방식의 렌탈 비즈니스(Rental Business)의 일부다. 필요한 만큼 빌려 쓰고, 그 사용료만 지불하는 방식이다. 처음 클라우드 시스템은 주로 서버나 스토리지 등 컴퓨팅 장비 같은 하드웨어만 빌려 썼지만, 점차 기업용 소프트웨어도 클라우드 방식으로

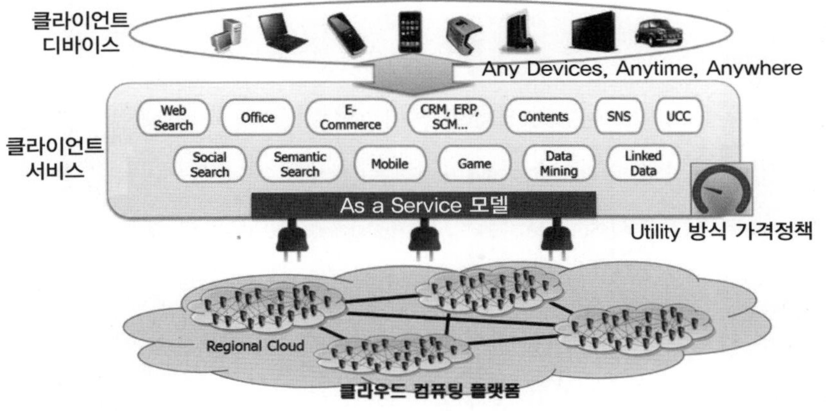

클라우드 컴퓨팅은 일반적인 IT 환경으로 자리매김 중이다.

전환하는 추세다. 모든 데이터나 소프트웨어가 클라우드 장비에 저장된다. 클라우드 컴퓨팅은 네트워크 접속이 가능한 PC나 스마트폰 등 정보 단말기를 통해서 장소에 구애받지 않고 원하는 작업을 수행할 수 있다. 개인은 문서나 사진, 동영상 같은 멀티미디어 콘텐츠를 공유할 수 있다. 협업이 가능해 문서라든지 프로젝트 등을 공유할 수 있다. 유지보수가 쉽고, 자체적으로 IT시스템을 보유하는 경우보다 비용도 저렴하고 무한 확장할 수 있다는 장점을 제공한다.

클라우드 컴퓨팅은 2007년부터 조금씩 개념들이 알려지면서 이제는 대부분 기업이 클라우드 기반의 전산 환경을 구축하고 있다. 클라우드 컴퓨팅은 크게 3가지로 구분되는데, 소프트웨어를 서비스로 제공하고 사용료를 받는 방식인 SaaS(SW as a Service), 애플리케이션 개발과 조합 가능한 플랫폼을 제공하는 PaaS(Platform as Service), 서버, 스토리지, 네트워크 등 인프라 자원을 사용량 기반으로 제공하는 Iaas(Infrastructure as a Service) 등이다. 또한, 서비스 유형별로는 개인 사용자나 중소기업 대상의 보급형 서비스인 개방형(Public), 특정 분야나 기업에 한정돼 폐쇄적으로 서비스하는 폐쇄형(Private), 개방형과 폐쇄형 서비스를 동시에 사용하는 융합형(Hybrid) 클라우드로 구분된다.

클라우드 컴퓨팅은 이제 보편적인 IT 인프라로 자리 잡고 있다. 클라우드의 등장은 IT 지원 방식을 완전히 바꾸어 놓았다. 이에 따라 클라우드 시장도 폭발적인 성장을 하고 있는데, 코로나 상황에서도 클라우드 시장의 성장률은 매년 두 자릿수 이상이다. 가트너에 따르면 클라우드 시장은 5,000억 달러에 육박할 것으로 전망했는데, 이는 전체 ICT 시장의 1/9 비중이다.

클라우드 시장이 커지면서 관련 서비스나 기술을 제공하는 기업 실적도 호황이다. 대표적인 회사가 아마존과 마이크로소프트(MS)다.

아마존은 AWS(Amazon Web Service)를 통해 클라우드 시장의 리더로 올라섰다. 아마존의 영업이익 중 상당 부분은 클라우드에서 창출한다.

윈도우와 오피스 사업의 실적 정체로 고심하던 마이크로소프트는 클라우드 사업에 막대한 투자를 진행한 덕택에 다시 예전의 명성을 되찾고 있다.

빅데이터 Big Data 14

빅데이터(Big Data)는 실시간으로 수집되는 다양한 종류의 수많은 데이터를 의미한다. 이러한 데이터를 근간으로 고객 분석을 한다든지, 제품의 하자 원인을 찾는 작업을 한다. 빅데이터가 수준이 높아지는 경우는 미래 경영상황을 예측해 대비책을 쓸 수도 있다. 사실 데이터는 빅데이터 이전에도 수없이 많았다. 영업이나 마케팅 또는 고객 요구를 듣기 위한 '고객 목소리'에서 부터 '경쟁사 데이터', SNS상의 '평판 데이터', 기업 내부에 산재된 '업무 데이터' 등 이질적인 데이터들이 각양각색의 형태로 존재해 왔다.

제조업체에서도 공장 기계에서 발생하는 데이터(M2M: Machine to Machine)들이 실시간으로 발생한다. 여기에 모바일 기기 사용이 늘면서 매일같이 엄청난 규모의 데이터들이 쏟아져 나온다. 문제는 이런 데이터를 전략적으로 활용하는 데 있어 데이터를 추출하고 분석하는 기술은 덜 발달돼 있었다. 빅데이터는 바로 이런 대량의 데이터들을

정형 · 비정형 데이터 폭증	정보시스템 통합고도화, Mobile, Cloud, SNS, NFC 센서기반 네트워크 등 ⇒ 제타바이트 시대 돌입
빅데이터 분석을 통한 비즈니스 기회 및 가치창출	데이터 기반 분석 · 예측 · 비즈니스 최적화 강조 ⇒ 데이터가치에 대한 인식 전환
빅데이터 처리 기술 등장	RDBMS의 한계를 극복할 수 있는 신기술 등장 ⇒ Hadoop, NoSQL, 인메모리 등
유용한 정보 가공/ 폭넓은 분야 활용 · 부가가치 창출	미시적 고객 정보 분석(행동, 습관, 지역, 소비 등) ⇒ 고객 중심의 정교한 마케팅, 양방향 마케팅

빅데이터는 수준 높은 분석을 가능하게 도와준다.

분류하고 정리하고 분석해 영업이나 내부업무 생산성 등에 활용하도록 도와준다.

빅데이터는 일반적으로 기존 시스템으로는 저장, 관리, 분석이 어려운 거대한 규모의 데이터 집합을 총칭한다. 이러한 빅데이터는 많은 기관과 기업들에 의해 다양한 정의가 존재하나, 보통은 3V(Volume, Velocity, Variety) 속성을 지닌 데이터라는 게 공통된 의견이다. 즉, 방대한 크기와 빠른 생성 속도 그리고 다양성을 지닌 데이터를 빅데이터로 본다는 것이다.

빅데이터 시장은 빅데이터 저장을 위한 서버, 스토리지 등의 하드웨어부터 빅데이터 수집, 관리, 검색, 공유, 분석, 시각화 등의 소프트웨어 및 서비스까지의 넓은 영역을 포함하고 있다. 그에 따라 데이터 제공, 분석 전문 서비스, DB SW, HW, 정보기술서비스, 클라우드 서비스 공급업체들도 포함돼 있다.

이러한 빅데이터가 각광받는 이유는 우선 데이터량이 폭증하면서 좀 더 수준 높은 분석을 요구하는 수요가 높기 때문이다. 또한, 이런 수준 높은 분석이 가능하도록 하둡(Haddop) 기술이나 인메모리(In Memory) 기술 등이 빠르게 발달한 것도 주요인이다.

금융권에서는 빅데이터 분석을 통해 대출금리를 확정 짓기도 하며, 유통업종에서는 위치기반서비스(Location-Based Service) 데이터를 활용해 실시간 마케팅을 펼칠 수도 있다.

제조업종에서는 빅데이터를 이용해 부품별로 실시간 관리 시스템을 구축하는 한편 공정 품질 관리에도 활용한다. 이미 빅데이터를 이용해 고객 요구를 분석해 새로운 제품에 반영한 기업들은 이전보다 큰 폭의 매출 신장을 경험하고 있다.

빅데이터 도입 초기에는 주로 공식적인 데이터(정형 데이터)와 비공식적 데이터(비정형 데이터) 처리를 위한 기반 기술로 채택돼 왔다. 즉, 대용량 데이터를 어떻게 처리할 것인지에 수요가 몰렸다면, 이제는 기업에서 수집된 데이터를 활용해 실제 사업에 얼마나 도움을 줄 수 있느냐는 분석 기술(Analytics)이 더 중요해지고 있다. 이를 위해선 텍스트 마이닝(Text Mining)이나 감성 분석 같은 비정형 데이터를 분석하는 기술이 요구된다.

사물인터넷 15

IoT: Internet of Things

스마트폰, 태블릿PC 등의 스마트 기기뿐만 아니라 냉장고, 청소기, 운동기구 등 가정용 전자제품과 계량기, CCTV, 온도계, 공장 설비기구 등 산업용 기기까지 네트워크로 연결되면서 사물인터넷(IoT: Internet of Things)이 중요해지고 있다.

IoT는 인간의 조작 없이도 사물 간 통신으로 기기들을 제어하며 스마트한 환경을 구현하는 네트워킹 기술이다. 사물 간 통신을 위한 센서와 근거리 통신 기술을 일컫는 M2M(Machine to Machine) 기술이 더욱 확장되고 발전된 형태다.

현재 IoT는 사물은 물론 현실과 가상세계의 모든 정보와 상호작용하는 개념으로 진화 중이다. 이러한 IoT 기술은 연결형 단말기 보급이 늘어나고 통신 기술이 발전하는 한편 클라우드 컴퓨팅이 등장하면서 더욱 확산되고 있다.

요즘에는 IoT가 일반화되면서 전 산업 분야에서 우리 주변의 일상

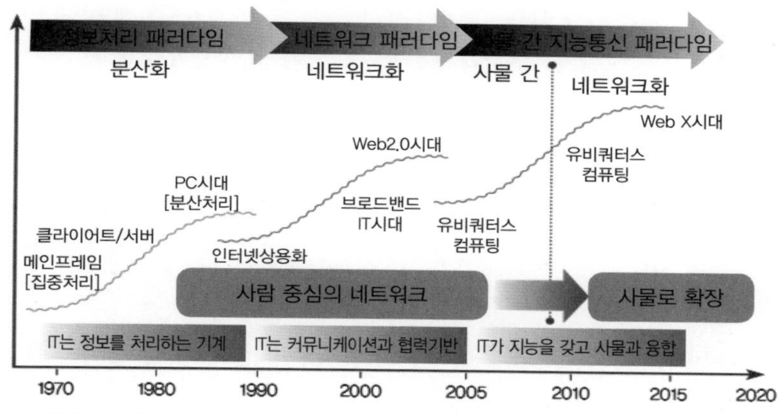

IoT는 사람 중심 네트워크를 사물로 확장시킨다. _출처: 한국전파진흥원

생활까지 광범위하게 도입, 확대되고 있다. 이를 통해 IoT는 새로운 차원의 서비스 및 시장 가치를 창출하고 있는 것이다

사물인터넷은 통신 기술의 발달로 범위가 확장되는 중이다. 종전까지만 해도 주로 와이파이(Wifi)에 의존했지만, 지금은 5G 통신 기술과 네트워크 기술의 발달로 더 많은 데이터들이 속도감 있게 처리되고 있다. 거기다 설비기구 등 산업용 기기까지 네트워크로 연결되면서 사물인터넷의 중요도는 더 커지고 있다.

IoT와 유사한 개념으로 IIoT(Industry IoT)라는 게 있다. IIoT는 쉽게 말해 IoT를 산업으로 사용하는 것을 일컫는데, IIoT 기기에서 발생한 데이터를 분석해 생산성 향상이라든지 불량률 판정 등에 이용할 수 있다. 특히 IoT는 스마트 팩토리(Smart Factory)를 구축하기 위한 필수 기술이라 할 수 있다. 제조업의 디지털 총아로 스마트 팩토리가 활성화되고 있는 이유로는 바로 발전된 IoT 기술이 저변에 깔려있기 때문이다.

최근에는 인공지능 기술과 결합된 지능형 사물인터넷(AI IoT)이 뜨고 있다.

지능형 사물인터넷은 사물인터넷의 연결성에 AI의 초지능이 결합된 의미다. '예측'을 가능하게 한다는 점에서 현재의 IoT 활용을 고도화시키는 개념이다. 즉 사물인터넷 센서로 수집된 대규모 빅데이터를 분석해 이를 통해 향후 행동 패턴을 예상한다든지, 미래 상황을 예측함으로써 문제를 예방하고 대처하는 한편 향후 전개될 상황을 예상해 효율적인 대처가 가능하도록 한다는 것이다.

넥스트 FAANG의 조건 10

Intro

누구나 될 수 있지만 아무나 되는 것은 아니다
실수를 줄이고 실패의 경험을 긍정적으로 전환하라

디지털 트렌드가 우리 사회 전반에 폭풍처럼 들이닥치면서 이러한 디지털 기술을 제공하는 기업들의 가치도 상승하고 있다. 디지털 스타트업을 육성하기 위한 다양한 정책들이 쏟아져 나오고, 투자금이 몰리며, 유능한 인재들이 유입되고 있다.

하지만 인재들이 모여들고, 엄청난 투자금이 모였다고 성공하는 것은 아니다. 오히려 초기의 이러한 안정적인 조건은 오만함과 안일함이란 악마의 유혹(Devil's Temptation)이 따라 붙는 경우가 많다. 오만과 안일은 실패로 가는 지름길이다.

물론 한두 번의 실패를 통해 진정으로 각성하게 되면 다행이지만, 많은 기업은 동일한 실수를 반복한다. 보통 스타트업을 창업하고 성공할 확률이 10% 미만이다. 많은 스타트업들은 성공의 단맛을 보지 못하고 역사의 뒤안길로 사라지는 셈이다.

FAANG도 역시 초창기 많은 실패를 겪었다. 하지만 그럴 때마다 꿋꿋하게 살아남았다. 이번에 소개할 FAANG의 후계자들도 여러 실패를 경험한 기업들이다.

실패 없이 탄탄대로를 걷는다면 가장 이상적이겠지만, 현실은 다르다. 실패의 경험을 긍정적으로 전환하는 마인드 시프트(Mind Shift)는 FAANG의 후보들에게 나타난 공통된 특징이다.

FAANG 후보들을 찾으면서 이들 기업의 공통점을 10가지로 추려 보았다. 해병대 슬로건처럼 '누구나 FAANG이 될 수 있지만, 아무나 되는 것은 아니다'. 거기에는 까다로운 조건이 붙기 마련이다.

중요한 것은 이들 FAANG의 후계자들은 공통적으로 CEO의 선한 의도와 추진 의지, 구성원들의 자발적 참여, 고객의 목소리에 귀 기울이는 것 등 가장 경영의 기본 철학에 충실했다는 점이다.

선한 의도를 가진 착한 기업이다 1

FAANG 후보들은 일단 도덕적이다. 많은 성공한 기업들은 도덕적 기준을 충족시키기 위해 노력했다. 지금 세상을 이전보다 좀 더 나은 세상으로 만들겠다는 선한 의지가 사업에 반영됐다.

제프 베조스(Jeff Bezos)는 인터넷을 통해 책을 판매하면 세상에 있는 모든 책을 소비자들에게 제공할 수 있을 것이란 선한 의도를 가지고 아마존(Amazon)을 설립했다.

동남아시아의 우버인 '그랩'(Grab)의 창립자인 앤서니 탄(Anthony Tan)은 친구들이 말레이시아에 놀러 왔다가 택시요금에 불만을 터트린 얘기를 듣고, 그랩을 창업했다. 조국인 말레이시아가 바가지 국가라는 오명에서 벗어날 수 있을 것이란 의도에서였다.

서베이오토(Survey Auto) 설립자인 파키스탄 출신 우마르 사이프(Umar Saif)는 2020년 파키스탄에 코로나가 창궐할 때 정부가 효과적인 봉쇄 정책을 수행할 수 있는 시스템을 지원했다.

핀테크 기업 라이트넷(Lightnet)은 1,700만 명에 달하는 동남아시아 이주 노동자들이 본국에 송금할 때마다 겪은 애로사항을 듣고 벨로(Velo) 서비스란 금융 프로토콜을 도입해 저렴한 수수료로 안정적인 송금이 가능하도록 했다.

패트리온(Patreon) 설립자 잭 콘티(Jake Conte)는 창작자들이 예술에 전념할 수 있도록 크라우드 펀딩에 기반을 둔 동영상 사이트를 만들어 세계적인 스타트업으로 성장했다.

선한 의도와 도덕적인 룰은 기업이 장기적이고 영속적으로 운영할 수 있는 기본 뼈대가 된다. 단단한 뼈를 갖춘 몸이면 몇 차례 부상이 발생해도 회복 탄력성이 뛰어나기 마련이다.

엄청난 아이디어가 아니라 상식적인 아이디어로 승부한다 2

많은 사람이 착각하는 게 성공한 기업들의 아이템은 파괴적 혁신을 몰고 오는 대단한 아이디어일 것이란 선입견이다. 물론 기존 틀을 깨는 파괴적인 기술들이 각광받는 경우도 많다. 하지만 대부분 성공한 스타트업들의 아이디어는 혁신적이라기보다는 상식적인 아이디어를 비즈니스로 연결한 경우가 많다.

최대 소셜 미디어인 페이스북, 최대 인터넷 검색엔진인 구글, 최대 전기차 제조업 테슬라 등은 혁신적인 아이디어로 만든 게 아니다. 이미 시장이 존재했고, 리더도 있었지만, 차별화로 승부를 걸어 '넘버원' 자리에 오르게 된 것이다.

패트리언(Patreon)처럼 거리의 예술가들이 창작에 전념할 수 있는 서포트(Support) 기업을 만든 스토리는 대단한 아이디어가 아니다.

몇 년씩 외국어 공부를 해도 실력이 늘지 않는 사람들을 위해 듀오링고(Duolingo)는 온라인 개인 교사라는 아이디어를 사업화했다.

글로시에(Glossier)는 예뻐지고 싶은 인간의 욕구를 IT와 접목한 아이디어로 오늘날 세계적인 뷰티테크(Beauty-Tech)기업이 됐다.

우리가 일상생활을 하면서 느꼈던 삶의 체험을 사업화하는 경우는 많다. 그러한 경험은 혁신적이지 않더라도 충분히 비즈니스적으로 가치가 있다.

결국, 이러한 아이디어를 어떻게 사업화하느냐는 전적으로 설립자의 기업가 정신이 녹아있어야 가능하다.

혁신적인 것도 중요하지만 그보다 상식적인 아이템으로 오늘날 세계적인 기업 반열에 오른 기업들을 눈여겨볼 필요가 있다.

설립자는 겸손하고 신념이 있다 3

세계적인 경영학자 짐 콜린스(Jim Collins)는 그의 베스트셀러 저서인 『좋은 것을 넘어 위대한 것으로』(Good to Great)에서 위대한 기업의 CEO들은 공통적으로 겸손하고 이타적이고, 자신보다 조직을 먼저 생각한다고 언급했다.

FAANG의 설립자이자 CEO들은 겸손하다. 스티브 잡스가 그렇고, 마크 저커버그가 그렇다. 물론 다 그렇지는 않지만, 대부분 CEO는 자신의 치적보다 같이 일한 멤버들을 치켜세운다. 그렇다고 겸손하기만 해서 성공할 수는 없다. 그들은 자신의 신념을 뚝심 있게 밀고 나간다. 한마디로 신념을 위해 열정을 바친다.

앨런 머스크가 우주 사업에 들인 에너지나 세계적인 화장품 제조, 유통사인 글로시에(Glossier) 창립자 에밀리 웨이스(Emily Weiss)의 신념은 꺾일 줄 모른다.

오라클 출신의 마크 베니오프(Marc Benioff)가 설립한 세일즈포스(Salesforce)는 소프트웨어의 종말을 선언하며, 이를 대체할 모델은 서비스로서의 소프트웨어(SaaS)라는 신념을 견지했다.

협업 디자인 소프트웨어 기업인 피그마(Figma) 설립자 딜란 필드(Dylan Field)는 '워드프로세싱 분야에 구글닥스(Google Docs), 코드 분야는 깃허브(GitHub)가 있다면 피그마는 바로 디자인이다'라고 야심을 숨기지 않았다.

우주기업 랠러티브스페이스(Relative space)의 설립자이자 CEO인 팀 엘리스(Tim Ellis)는 화성에 산업기반을 마련한다는 야심 찬 비전을 세우고 차근차근 길을 밟아가는 중이다.

큰 시장을 지향한다 4

성공한 기업들은 주력하는 시장이든, 기반이 되는 시장이든 큰 시장에 뿌리를 내린다.

그릇이 커야 담을 게 많다. 성공한 스타트업 중에서 미국이나 중국계 기업이 많은 이유는 내수 시장규모가 엄청나기 때문이다.

일례로 2021년 기준 미국의 소프트웨어 시장규모는 7,000억 달러며, 중국은 600억 달러, 한국은 140억 달러다. 한국의 소프트웨어 시장은 전 세계 시장의 1%에 불과하다.

한국 기업으로서는 내수 시장규모가 크지 않기 때문에 처음부터 기울어진 운동장에서 경쟁하는 모양새다.

연고지 기반이 약하다고 생각되면 처음부터 세계 시장에 통할 수 있는 제품과 서비스를 만들어내는 게 중요하다. 이런 이유로 넥스트 FAANG 기업들 가운데 상당수는 미국과 중국 기업들이 많다. 태생적으로 혜택을 받은 경우다.

'한국판 쿠팡'인 고퍼프(goPuff)는 원래 영국 런던에서 설립됐지만, 미국에 본사를 두고 미국 시장에 공을 들여 성공했다.

말레이시아에 지역적 기반을 둔 그랩은 설립 이후 동남아시아 지역 전체 시장을 타깃으로 해 지금은 특정 국가가 아닌 동남아시아 전체를 대표하는 차량공유 서비스 기업으로 성장했다.

중국의 드론 제조업체 DJI는 엄청난 내수시장에서 성장기반을 다져 설립 15년 만에 미국 내 상업용 드론 시장에서 76%를 점유하고 있다.

에듀테크 기업 바이주스(BYJU's)는 교육열이 높은 인도에서 설립된 스타트업이지만, 유럽, 미국 등 세계 시장으로 진격해 설립 10년 만에 가장 비싼 몸값을 자랑하는 에듀테크 기업으로 성장했다.

결국, 처음부터 큰 시장을 보고 뛰어들어야 한다. 어느 정도 준비가 돼 있다면, 세계 시장에 과감하게 도전장을 내미는 용기가 있는 기업들이 그 가치를 인정받는다.

고객 목소리에 귀를 기울인다 5

'소비자가 아니라 우리 자신에 집중할 때가 종말의 시작'이라고 아마존 설립자 제프 베조스는 경고한 바 있다. 고객의 목소리를 무시한다면 언제던 망할 수 있다는 것은 오늘날 성공하고자 하는 기업들이 가장 귀담아들어야 할 조언이다.

대부분 성공한 기업들이 추락하는 것은 고객의 경고 사인을 무시했기 때문에 발생한다. 반대로 지속적인 성공을 누리는 기업은 고객 목소리에 끊임없이 귀를 기울인다.

토스(Toss)의 설립자인 이승건 대표는 자사의 성공은 '내가 만들고 싶은 아이템이 아니고 사람들이 원하는 것을 만들었기 때문'이라고 비결을 밝힌다.

홍콩에서 설립된 물류 플랫폼 기업 랄라무브(Lalamove)는 사용자가 원하면, 언제든 배달할 준비가 돼 있다. 이 회사는 고객의 요구에 맞게 포장 기능도 달리하고, 배송 방식도 달리했다. 덕택에 2020년에만 주문 건수가 50% 이상 성장해 홍콩기업으로는 드물게 기업가치가 20억 달러에 달한다. 한마디로 고객특성에 맞게 서비스를 차별하는 데 성공한 셈이다.

화장품 제조사 글로시에의 설립자이자 CEO인 에밀리 웨이스는 블로그를 운영하면서 일반 소비자들이 화장품에 대해 이것저것 품평한 것을 반영해 화장품을 직접 출시해 성공을 거뒀다. 에밀리 웨이스는 여전히 자사의 연구 개발 기능과 마케팅은 고객들의 목소리에서 나온다고 힘주어 말한다.

마이크로소프트가 클라우드 시장의 성공에 힘입어 다시 재기에 성공할 수 있었던 것은 윈도우나 오피스만으로 고객을 충족시킬 수 없다는 판단을 내렸기 때문이다.

제프 베조스는 고객 만족을 넘어 '고객 집착'을 부르짖는다. 심지어 고객 감동을 넘어 '고객 졸도'라는 우스갯 소리도 나올 정도다.

고객 목소리를 외면하는 순간, 나락으로 떨어진다.

구성원들의 만족도가 높다

6

FAANG에 다가서려면 회사에 대한 구성원들의 열의가 있어야 한다. 열의는 곧 열정이고, 열정은 곧 회사에 대한 애사심을 말한다. 애사심은 회사에 대한 만족도가 높다는 것이다. 넥스트 FAANG 기업들은 직원들의 만족도가 높은 기업들이 대부분이다.

90억 달러 기업가치를 자랑하는 사이버 보안 기업인 태니엄(Tanium)은 실적만큼이나 직원만족도가 높은 회사다. 태니엄은 미국 경제주간지 포춘(Fortune)에서 2021년도에 조사한 밀레니얼(MZ)세대를 위한 최고의 회사로 선정된 바 있다.

SaaS 기업인 세일즈포스는 포춘에서 평가한 일하기 좋은 100대 기업으로 10년 연속으로 선정됐다.

몸값 632억 달러에 달하는 클라우드 기반의 HR(인적자원관리)솔루션 전문기업인 워크데이(Workday)는 역시 포춘에서 조사한 '일하기 좋은

100대 기업 순위'에서 5위에 랭크됐다.

인적자원관리 소프트웨어 회사인 구스토(Gusto)는 인력평가 사이트인 글래스도어가 실시한 'MZ세대가 가장 일하기 좋은 100대 기업'으로 뽑혔다.

직원들이 회사를 자랑스러워하는 마음은 나비효과(Butterfly Effect)를 일으켜, 기업의 성공을 가져온다.

직원의 마음을 사로잡는 것은 단순히 고액 연봉이란 당근만으로 해결되지 않는다. 회사의 비전, 사회적 기여, CEO의 마인드 등이 복합적으로 작용한다.

FAANG의 후예가 되려는 기업들은 직원을 귀히 여길 줄 알아야 한다.

7 지역적인 혜택도 있다

넥스트 FAANG 기업들 가운데, 독특한 지역 기반 때문에 성공한 기업도 있다. 해당 국가의 정치적 색깔에 따른 영향도 있으며, 오래된 문화적 토양으로 인한 영향도 있다.

러시아의 디지털 기업 얀덱스(Yandex)는 검색엔진에서 출발했지만, 지금은 자율주행차, 배달서비스 등 문어발식 사업 확장을 꾀하는 기업으로 성장했다. 러시아 특유의 정치적인 배경도 이 회사가 성장하는 데 일조했다. 디지털 불모지라는 러시아에서 전략적으로 얀덱스를 키우고 있다는 주장이다. 특정 기업이 전방위 사업을 전개하는 것은 푸틴 체제하의 러시아에서 정부 지원 없이는 불가능하다. 이스라엘은 오랫동안 아랍국가들과 적대적 대립 관계에 있었다. 그러다 보니 국방이나 첩보 분야에서 이스라엘은 상당한 노하우를 축적해 왔다. 특히 정보보안 분야는 세계 시장을 주도하는 경쟁력을 갖췄다.

이스라엘의 사이버 보안업체인 사이버리즌(Cybereason)은 보안 분야, 특히 엔드포인트 탐지 및 대응 분야인 EDR(Endpoint Detection and Response) 시장에서 입지를 굳힌 회사다.

브라질의 핀테크 기업 누뱅크(Nubank)는 브라질의 보수적인 금융 분위기로 고객 불만이 늘어난 것에 착안해 그 틈새를 파고들어 성공한 기업이다.

스웨덴의 배터리 스타트업인 노스볼트(Northvolt)는 아시아에 의존한 배터리 공급망을 벗어나고자 하는 유럽 각국의 열망으로 세계적인 배터리 스타트업으로 성장한 사례다.

그렇다고 지정학적 위치가 반드시 혜택만 있는 것은 아니다. 중국의 바이트댄스(Bytedance)가 개발한 틱톡은 미국과 중국 간 갈등 여파로 긴장 상태이며, 러시아의 얀덱스는 유럽으로 진출하고자 하는 야심을 갖고 있지만 러시아와 우크라이나 전쟁 등으로 유럽내 반러시아 분위기가 변수로 떠올랐다.

반대로 기업 창업 문화가 자유로운 지역도 있다. 미국, 핀란드, 프랑스 등은 스타트업 정책이 체계적인 나라들이다. 스타트업 출발에서 엑시트(Exit)까지 규제도 많지 않다. 그만큼 자유로운 환경에서 사업을 펼칠 수 있는 것이다.

강력한 후원자나 투자자가 있다

8

성공한 스타트기업은 초기부터 눈여겨본 투자자가 있다. '키다리 아저씨'들은 일찍부터 떡잎을 알아본다. 이들 강력한 투자자들은 단순히 기술력만 가지고 투자하지 않는다.

사회적 기여도를 관심 있게 보는 투자자도 있고, 비즈니스 모델의 탁월함에 반해 투자하기도 한다.

안목을 가진 강력한 투자자는 일반 투자자와 다르다. 그들은 회사의 수익모델도 고려하지만 기업가치를 더 중요시한다. 초창기 대다수 스타트업은 자금이 넉넉하지 않다. 비즈니스 모델도 불명확 상황에서 투자받기란 쉽지 않다.

데이터 처리 소프트웨어 스타트업인 데이터브릭스(Databricks)는 AWS, 알파벳, 세일즈포스, MS 등으로부터 10억 달러의 투자를 이끌어내 주목을 받았다.

전기자동차 업체 리비안(Rivian)은 아마존의 제프 베조스가 테슬라의 대항마로 일찌감치 점찍은 기업이다.

브라질의 핀테크 기업 누뱅크는 투자의 귀재 워렌 버핏이 5억 달러를 투자한 기업으로 그 사업성을 초기부터 인정받았다.

파키스탄의 AI 기업인 서베이오토(Survey Auto)는 빌 게이츠 재단으로부터 투자를 유치해 관심을 받았다.

미국의 자율주행차 기업인 오로라(Aurora Innovation)는 가능성을 보고 현대차, 폭스바겐, 아마존이 투자대열에 합류한 바 있다.

시드머니를 만들기 위해 전략적으로 초기 회사를 매각했다

9

대부분 FAANG 후예들은 처음부터 지금의 회사를 설립하지 않았다. 초기에 회사를 설립하고 일정 수준 궤도에 올려놓은 뒤 회사를 팔아, 매각 대금을 지금 회사의 시드머니(Seed Money)로 삼았다.

또한, 초기 회사를 운영하면서 시행착오 과정을 겪으면서 경험을 미리 습득했다.

바이트댄스(Bytedance) 설립자인 장이밍(张一鸣) 회장은 바이트댄스 설립 이전에 여행 정보 검색업체인 쿠쉰, 판퍼우, 99팡 등을 창업한 이력이 있다. 이런 경험은 바이트댄스를 세계적인 기업으로 키우는데 좋은 밑거름이 됐다.

글로시에 창업자인 에밀리 웨이스는 회사 설립 전 인투더글로스(Into The Gloss)라는 뷰티 블로그를 운영하면서 파워 블로거로 활동한 게 큰 자산이 됐다.

핀테크 기업 체크아웃닷컴(Checkout.com)의 설립자인 키윰 푸아즈(Guillaume Pousaz)는 송금 서비스 기업을 설립하기도 했으며, 2009년에 싱가포르에서 오퍼스페이먼트라는 결제업체를 설립한 경험이 있다.

사이버 보안 회사인 태니엄(Tanium)의 설립자는 부자지간이다. 아버지인 데이비드 힌다위(David Hindawi)가 빅픽스라는 보안회사를 설립하고 매각한 후 이 돈을 가지고 기업가치 90억 달러 회사로 성장시킨 케이스다.

적절한 때 행운이 함께 했다

10

어쩌면 성공한 스타트업에게 가장 중요한 조건일 수도 있다. 바로 절묘한 운이 작용하는 시기다. 코로나 팬더믹으로 전 세계 경제가 휘청이고, 수많은 기업이 문을 닫았다. 굴뚝 산업은 공급망 부족 사태에 직면하고, 연쇄적으로 완제품 제조업체, 서비스업체까지 극심한 불황에 직면했다.

하지만, 이 시기가 오히려 호재인 경우도 많다. 이를 단지 운으로 치부하기에는 단선적인 판단이지만, 그래도 운칠기삼(運七技三)이란 말이 절묘하게 들어맞는 경우는 많지 않다.

화상회의 시장에서 돌풍을 일으키는 줌(Zoom Video Communications)은 코로나로 재택근무와 비대면 회의가 일상화되면서 가장 수혜를 받은 기업 중 하나다. 코로나 팬더믹 상황에서 이용자가 급증하면서 하루 사용자가 3억 명에 이르렀다.

리걸테크(Regal Tech) 기업인 에버로우(Everlaw)는 소송 건수가 늘어나고, 경쟁이 치열해진 데다 코로나 상황으로 대면접촉이 제한받는 상황에서 전자발견(Ediscovery) 시장에서 두각을 나타냈다.

미국 내 부동산 렌탈 시장이 성장하면서 프롭테크 서비스에 심드렁하던 미국인들은 이제 점퍼(Zumper)같은 프롭테크 업체를 찾는다.

비건 열풍을 타고 식물성 고기 제조업체인 임퍼서블 푸즈(Impossible Foods)가 주목받았다.

친환경 농산물에 대한 소비자 관심이 최근 들어 급증하면서 스마트팜(Smart Farm) 업체인 바워리파밍(Bowery Farming)이 인공적으로 재배한 야채를 먹는 사람들이 늘어난 것도 결국 적절한 시기에 행운이 따랐기 때문이다.

에듀테크 기업인 듀오링고(Duolingo)도 코로나 팬더믹으로 사업 규모가 커지면서 이제 기업가치는 40억 달러에 육박한다.

행운이 결정적인 요인은 아닐지 모르지만 때로는 행운으로 밖에 설명할 수 없는 경우도 있다.

FAANG의 후계자들 50

세일즈포스 Salesforce 1

SaaS 시장 성공에 탄력, 기업 솔루션 시장 리더로

- 1999년 미국에서 마크 베니오프가 설립
- 클라우드 기반 CRM SW, 플랫폼, 이커머스 서비스
- 2021년 매출 212억 달러로 CRM SW 시장 리더
- www.salesforce.com

2008년 클라우드라는 개념이 소개된 이후 구체적인 형태로 프로젝트가 시작된 지 15여 년이 흐른 지금, 기업의 IT 자원은 클라우드로 완벽하게 전환되고 있다. 종전까지 클라우드에 대해 냉소적인 시선도 이제는 클라우드가 대세라는 데 일치된 의견이다. 클라우드 개념이 소개되고, 각종 클라우드 관련 기술이 급격히 발전하면서 이제 클라우드 컴퓨팅은 IT 관리 방식의 표준 모델로 자리 잡게 됐다.

클라우드 기술이 폭발적인 성장을 거듭하면서 클라우드 관련 제품이나 서비스를 공급하는 기업들도 각광받는 시대가 됐다. 그중에서도 서비스로서의 소프트웨어(SaaS) 시장에서 가장 스타 기업은 세일즈포스(Salesforce)다.

세일즈포스는 1999년 오라클 출신 마크 베니오프(Marc Russell Benioff)가 설립했다. 고객 관리 소프트웨어(CRM: Customer Relationship

Management)를 주력사업으로 내세운 세일즈포스는 당초 수많은 CRM 회사 중 하나로 치부됐다. 왜냐하면, 당시 CRM 시장이 커지면서 이미 오라클과 SAP 등 쟁쟁한 비즈니스 소프트웨어 기업들이 시장을 장악하고 있던 터였기 때문이다. 신생회사인 세일즈포스가 이들 회사를 넘어서기에는 브랜드 인지도는 물론 역량 측면에서도 당연히 의구심이 들 수밖에 없었다.

하지만 세일즈포스는 꾸준히 CRM 소프트웨어 기능을 업그레이드하면서 시장 추이를 살폈다. 그 결과 '별의 순간'이 드디어 오게 된 것이다. 그것은 클라우드 시장의 태동이었다. 세일즈포스는 클라우드 시장이 장차 세계 IT시장의 흐름을 바꾸어 놓을 것으로 예측, 구독형 방식으로 비즈니스 모델을 바꾸었다. 소프트웨어 유통은 일반적으로 패키지 라이선스 개념으로 판매되는 유통 과정을 밟고 있었고, 시장은 견고해 보였다. 하지만 세일즈포스가 클라우드 기반의 CRM 소프트웨어를 시장에서 치고 나오기 시작하면서 고객들의 반응도 뜨거워졌다. 클라우드 분야에서 가장 유망한 기업으로 부상한 것이다.

세일즈포스닷컴의 CRM 소프트웨어는 주문형 판매, 지원, 마케팅 및 파트너 정보를 모두 관리하고 공유할 수 있는 소프트웨어이다. 또한, 주문형 플랫폼인 세일즈포스플랫폼(Salesforce Platform)을 통해 기업 고객은 자사 맞춤형 CRM 애플리케이션을 설치할 수도 있다.

세일즈포스의 핵심 제품은 크게 세일즈 클라우드, 서비스 클라우드, 마케팅 및 이커머스 등 클라우드 관련 영업에서부터 마케팅, 이커머스까지 모든 영역을 다루고 있다. 이를 위해 공격적인 인수합병도 마다하지 않았다.

설립 20년 만에 세일즈포스는 세계 제1위의 CRM 기업으로 그 위상을 확고히 다지고 있다. 시장조사기관 IDC에 따르면 전 세계 CRM 소프트웨어 시장에서 세일즈포스는 19%의 점유율을 기록 중인데, 2위, 3위인 오라클(5%), SAP(5%), 마이크로소프트(MS)(4%) 등을 멀찌감치 따돌리고 있다.

현재 전 세계적으로 15만여 개 고객을 확보한 세일즈포스는 외부 평가는 물론이고 직원 만족도에서도 최고의 기업으로 정평이 나 있다, 경제 매거진 『포춘』(Fortune)에서 실시한 '가장 일하기 좋은 100대 기업'으로 10년 연속 선정된 것을 비롯, 2018년도에는 세계 최고의 직장으로 선정되기도 했다.

코로나 상황에도 불구하고 2021년도 매출은 2020년 대비 24.3% 성장한 212억 달러를 거뒀으며, 기업가치는 2,200~2,400억 달러에 달

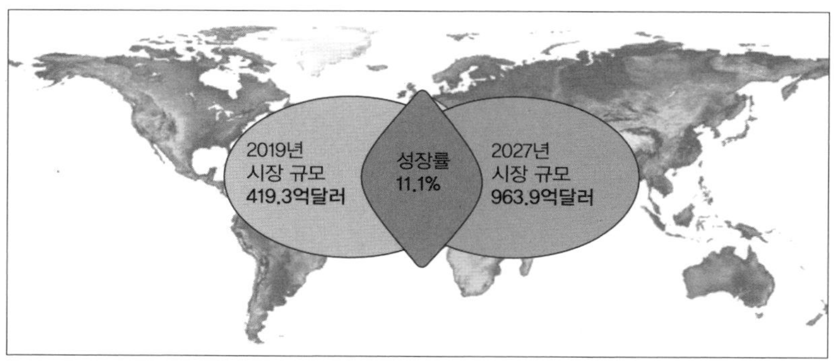

전 세계 CRM 소프트웨어 시장 전망 _출처: Allied Market Research

한다. 이는 소프트웨어 업계의 오래된 강자인 오라클과 SAP을 웃도는 몸값이다.

세일즈포스는 설립 이래 지난 25년 동안 클라우드라는 한 우물만을 팠다. 클라우드 기반의 다양한 서비스를 지속적으로 시장에 내놓으면서 이미 세일즈포스 제품을 사용 중인 기업들에게 업셀링(Up Selling) 전략으로 시장을 파고들고 있다.

세일즈포스는 지속적인 기술 투자와 전략적인 신제품 출시, 성공 사례를 적극 공유함으로써 향후 성장기반은 탄탄할 것이란 시각이 지배적이다.

평 점

서비스 능력 및 기술력	: ★★★★☆
제품과 서비스의 혁신성	: ★★★★☆
향후 시장성 및 성장성	: ★★★★☆
Leadership	: ★★★★☆

Comment

SaaS 시장 리더에서 기업 비즈니스 SW 시장의 리더로 도약

바이트댄스 Bytedance 2

Last Dance는 가능할까?

- 2012년 중국 베이징에서 장이밍이 설립
- SNS(틱톡) 서비스 및 뉴스 서비스
- 2020년에 343억 달러 매출을 기록
- www.bytedance.com

글로벌 SNS 순위 7위. 월간 사용자 6억8,900만 명. 바이트댄스(Bytedance)가 만든 소셜네트워크 서비스(SNS) '틱톡'(TikTok)의 2021년 4월 현황이다.

틱톡은 바이트댄스 창업자 장이밍이 2016년 9월에 개발한 SNS로 불과 4년여 만에 페이스북을 위협하는 수준까지 이르렀다.

바이트댄스의 기업가치는 이미 넷플릭스를 넘어섰다. 블룸버그는 바이트댄스의 기업가치를 2,500억 달러로 추산하고 있다. CB인사이트 역시 바이트댄스의 기업가치를 1,400억 달러로 평가해 전 세계 유니콘(Unicorn) 기업 중 독보적인 1위를 기록 중이다. 이미 뉴욕 증권가에서는 상장할 경우 시장 가치가 4,000억 달러에 달할 것이란 전망까지 나온다. 2014년 5억 달러에 불과하던 바이트댄스의 기업가치는 이제 800배 이상을 바라볼 정도로 전 세계에서 가장 몸값 비싼 스타트업체로 떠오른 셈이다.

틱톡의 인기는 가파르다. 미국, 영국에서는 이미 유튜브를 따라잡았고 유럽 및 북미 쪽에서도 인기는 시들 줄 모른다. 전 세계 150개국, 75개 언어로 서비스를 시작한 이후 설립 후 5년 만에 10억 명에 달하는 회원을 확보했다. 설립한 지 10년 만에 그것도 사회주의 국가인 중국에서 만든 SNS가 전 세계적인 선풍을 불러일으킬 것이라고는 누구도 예측하지 못했다.

설립자이자 CEO인 장이밍 회장은 1983년 중국 푸젠성 출신으로 톈진 난카이 대학에서 소프트웨어 엔지니어학과를 졸업했으며, 졸업 후 여행 정보검색업체인 쿠쉰을 창업한 이후 판퍼우, 99팡 등을 창업했다. 여러 회사를 창업하면서 장이밍은 뉴스를 보는 모바일 이용자가 급격하게 늘어날 것으로 보고, 2012년에 뉴스 앱 '진르터 우탸오'를 선보였다. 이 서비스는 이용자가 직접 관심 있는 뉴스를 자동 추천해 주는 서비스로 큰 인기를 끌었다.

바이트댄스는 2018년도에 미국 우버(Uber)를 제치고 세계 최고의 스타트업 반열에 오르기도 했다. 바이트댄스는 초기에 알리바바와 텐센트의 지원을 받으면서 풍부한 자금을 확보했다.

바이트댄스의 성공 요인에는 무엇보다 틱톡의 역할이 제일 크다. 15초 내의 숏영상 프로그램을 통해 밀레니얼(MZ)세대의 호응을 이끌어 내면서 강력한 소구력을 갖추고 있는 데다, 적절한 마케팅을 통해 공세적인 전략을 추진한 게 가장 큰 성공 요인이다.

하지만 바이트댄스에게도 위기는 다가오고 있다. 위기의 시초는 설립자인 장이밍 회장의 퇴임이다. 바이트댄스를 오늘날의 '메가 기업'으로 성장시키는 데 가장 중요한 역할을 한 창업자의 이른 퇴직은 과연 바이트댄스가 지속적인 성장을 이어나갈지에 대한 우려를 낳게 한다. 두 번째는 중국 당국의 빅테크 기업에 대한 대대적 규제다. 이는 시진핑 주석이 강조하는 부유층이 가진 부를 중산층으로 배분한다는 '공동부유(共同富裕: 함께 잘살자)' 원칙에 따라 젊은 창업가들의 퇴임을 유도하고 있는 것이다.

10억 명에 달하는 중국 내 모바일 인터넷 이용자를 기반으로 전 세계적인 확장을 거듭해 온 바이트댄스로서는 아직 상장 전인 데다, 본격적인 글로벌 확장을 앞두고 사회주의 국가의 전형적인 폐해에 직면해 있는 셈이다.

틱톡의 사업 확장 모델은 철저한 자본주의 속성을 닮았다. 10억 명에 달하는 중국의 모바일 인터넷 사용자라는 고정 고객을 기반으로

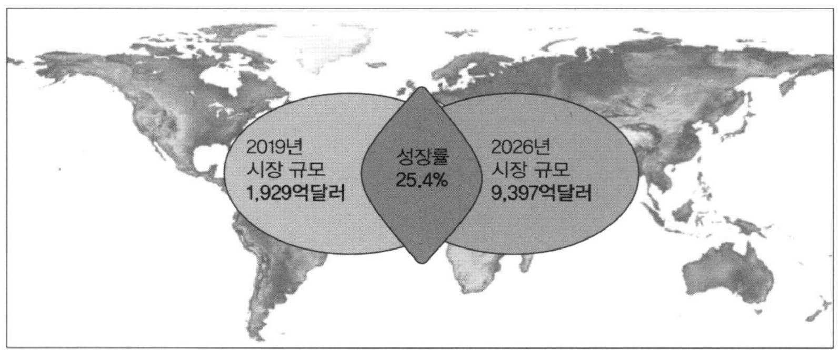

전 세계 SNS 시장 전망 _출처: Research & Markets

성장했지만, 앞으로가 문제다. 상장 즉시, 이제는 표준화된 글로벌 비즈니스 모델을 추구해야 하지만, 기업의 속성상 이게 가능하겠냐는 지적이다. 오히려 성장동력이 약화될 수도 있다.

매출에 비해 열악한 수익구조도 걸림돌이다. 틱톡으로 폭발적 성장을 거듭해 온 바이트댄스는 2020년 343억 달러의 매출을 기록해 전년보다 111% 증가했으며, 매출총이익도 190억 달러로 93% 증가했다. 다만, 직원 주식 보상 때문이라고 하지만 21억의 손실을 기록했다. 아직까지 재무적으로 탄탄하다고 할 수는 없다.

평 점

서비스 능력 및 기술력	★★★☆☆
제품과 서비스의 혁신성	★★★☆☆
향후 시장성 및 성장성	★★★☆☆
Leadership	★★★★☆

Comment

폭발적 성장 이면의 그림자, 리더십 변화, 바이트댄스의 라스트 댄스는 가능할까?

스페이스X SpaceX 3

거대한 우주로의 도전, 거침이 없다

- 2002년 테슬라 창업자 앨런 머스크가 설립
- 우주 사업인 스타십과 스타링크 사업
- 2018년도에 120억 달러 수익
- www.spacex.com

1979년 리들리 스콧 감독의 『에얼리언』(Alien)은 전 세계적인 메가 히트를 기록한 SF영화다. 이 영화 속에 등장하는 우주선은 외계 행성에서 광물을 채굴해 지구로 운송하는 업무를 맡는 일종의 화물 우주선이다. 이 화물 우주선은 '웨이랜드 유타니'(Weyland Yutani)라는 회사 소유인데, 영화 속 장면에서 웨이랜드 유타니는 가장 강력한 영향력을 발휘하는 기업으로 묘사된다. 2100년을 가정한 미래 영화이지만, 오늘날 현실로 다가오고 있다. 앞으로 수십 년 후에 우주를 개척하는 기업이 가장 가치가 높다는 것을….

우주 시대가 본격적으로 열리고 있다. 우주산업은 미래의 가장 유망한 분야 중 하나로 주목받고 있다. 무한한 우주 시대를 개척하는 것은 사실 일반 민간기업이 단독으로 수행하는 것은 불가능하다. 때문에 그동안 우주 시대를 개척한 것은 국가가 주도할 수밖에 없었다. 하지만 이런 통념을 스페이스X(Space X)가 바꿔놓았다.

스페이스X는 페이팔(Paypal)과 테슬라 창업자인 앨런 머스크(Elon Reeve Musk)가 민간 우주 시대를 개척하겠다고 2002년 설립한 현대판 '웨이랜드 유타니'다. 스페이스X란 회사명도 우주(Space)를 탐험(eXploration)하겠다는 머스크의 야심을 반영한 것이다. 화성을 식민지화하겠다는 다소 허무맹랑한 목표를 걸고 창업한 스페이스X는 앨런 머스크의 담대한 도전정신이 빚어낸 산물이다. 앨런 머스크의 4차원식 사고방식을 이해하지 못하더라도 그의 도전정신은 넘사벽이다.

스페이스X는 지난해 100번째 로켓 발사에 성공하며 우주사의 새로운 이정표를 세웠다. 스페이스X는 주력 발사체인 '팰컨9'을 활용해 발사체 엔진 회수 및 재활용 기술을 확보하고 국제우주정거장(ISS)에 화물을 보내는 민간 우주 화물선 '드래건'(Dragon)을 쏘아 올리는 등 우주개발에서 새로운 역사를 써 내려가고 있다. 최근에는 화성 탐사를 위한 발사체 '팰컨 헤비'(Falcon Heavy) 개발을 마치고 우주 인터넷 프로젝트 '스타링크'(Starlink)까지 구축하는 등 상상을 현실로 만드는 혁신을 거듭하고 있다.

스페이스X는 경영에선 머스크라는 탁월한 경영자가 있지만, 기술 쪽으로는 탐 뮐러(Thomas Mueller)라는 핵심 인재가 존재한다. 엔지니어 출신인 탐 뮐러는 기계공학을 전공한 전형적인 공학도로서 학창시절부터 로켓에 관심이 많았다. 그 명성이 자자해지면서 유능한 사업가인 머스크가 이를 놓칠 리 없었다. 그는 탐 뮐러와 손을 잡았다. 이른바 세계에서 가장 탁월한 사업가와 최고의 로켓 전문가의 만남은 시작부터 세간의 이목을 끌었다. 탐 밀러는 몇 번의 실패 끝에 2008년 9월에 우주로 로켓을 쏘아 보냈다. 이것은 대단한 업적이었다. 수많은 국가가 도전하고 실패했던 것을 단 몇 차례 만에 성공시킨 것이다. 스페이스X의 데뷔였다. 사람들은 열광했고, 이제 민간에 의한 우주 시대의 개막은 눈앞에 성큼 다가왔다.

다른 분야에 비해 엄청난 자금이 필요한 우주산업에서 머스크의 자금줄은 탄탄한 동아줄이었다. 그는 사재 2억 달러를 들여 우주 시장에 뛰어들었고, 이제 결실을 눈앞에 두고 있다. 우주 시대의 개막을 알리는 머스크의 야심은 결실을 맺고 있다. 국가가 아닌 민간회사가 최초로 우주 발사 시험에 성공함으로써 후발주자들에게 뚜렷한 동기부여를 제공한 셈이다. 스페이스X는 우주산업에 첫 깃발을 꽂음으로써 2018년도에 120억 달러의 수익을 달성했으며, 현재 NASA는 물론 상업용 위성 발사 부문에서도 여러 계약을 체결한 것으로 알려져 있다.

스페이스X가 설립 이후 거둔 성과는 대단하다. 2012년에 상용우주

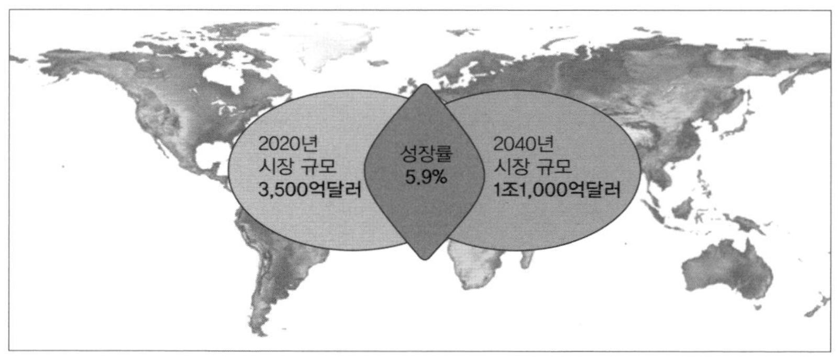

전 세계 우주산업 전망 _출처: Morgan Stanley

선 발사에 성공한 데 이어 2020년에는 유인 우주 비행선을 국제 우주 정거장에 도킹하는 데 성공했다. 스페이스X의 야심 찬 우주 개발 계획은 차곡차곡 밟는 중인데, 2가지 대형 프로젝트를 진행 중이다.

유인 우주선 프로젝트인 스타십(Starship) 프로젝트는 달과 화성에 화물과 사람을 보내는 유인 우주선을 만드는 데 목적이 있다.

스타십 우주선은 우주 관광이나 개발, 달이나 화성을 개척하기 위한 목적이다. 스타링크(Starlink)는 일종의 제2의 인터넷 서비스를 만드는 데 목적이 있다. 인공위성을 연결해 초고속 인터넷 네트워크 서비스를 제공하는 사업이다.

지금까지 1,800여 개의 스타링크 위성을 발사하는 데 성공했으며, 14개국에서 10만여 명이 사용 중이다. 이같은 성장세를 바탕으로 스페이스X는 조만간 테슬라의 기업가치를 능가할 것이란 전망도 나온다. 스페이스X의 거침없는 행보에 귀추가 주목된다.

평 점

서비스 능력 및 기술력	: ★★★★☆
제품과 서비스의 혁신성	: ★★★★☆
향후 시장성 및 성장성	: ★★★★☆
Leadership	: ★★★★☆

Comment

앨런 머스크의 우주로 향한 야심, 웨이랜드 유타니가 눈앞에, 하지만 여전히 갈 길은 멀어

스트라이프 Stripe 4

혁신적 결제서비스로 디지털 금융 시대 개척

- 2010년 아일랜드 출신의 형제 패트릭 콜리슨과 존 콜리슨이 설립
- 간편 결제 서비스
- 매출 100억 달러, 결제서비스 시장에서 16% 시장 점유
- stripe.com

미국의 떠오르는 결제 시장의 스타. 스트라이프(Stripe)는 설립 10여 년 만에 가장 성공한 결제서비스 기업으로 등극했다. 고객사들의 면면도 대단하다. 아마존, 구글, 세일즈포스 등 첨단 기업들이 스트라이프의 결제 시스템을 활용한다.

세계 최대 미국 시장에서 명성을 이어가는 스트라이프의 기업가치는 2014년 18억 달러에서 불과 7년 만에 1,000억 달러에 육박하는 성과를 거뒀다. 스트라이프는 원래 결제 시장의 후발주자였다. 하지만 역동성으로 후발주자라는 한계를 극복했다. 그것은 결제 단계의 획기적 축소였다. 스트라이프의 매출은 코로나19 이후 100억 달러의 매출을 올린 것으로 나타났다.

결제서비스 스타트업들은 미국 내에서도 가장 빠르게 성장했고 자리를 잡았다. 이미 페이팔, 스퀘어(Square) 등과 같은 혁신적 아이디

어를 가진 결제업체들이 기존 금융권을 위협하면서 다크호스로 등장했다.

스트라이프는 기존 결제업체들보다 결제 단계를 더욱 낮춤으로써 혁신성을 대내외적으로 평가받았다. 현재 스트라이프의 점유율은 15~16% 내외로 페이팔의 아성을 위협하는 수준까지 성장했다.

스트라이프의 창업은 독특하다. 아일랜드 출신의 두 형제인 패트릭 콜리슨(Patrick Collison)과 존 콜리슨(John Collison)이 2010년에 설립한 스타트업이다.

두 형제는 10대 때부터 천재 개발자로 주목받았다. 2008년에 이베이와 아마존 판매자를 위한 거래 관리 프로그램인 '옥토매틱'(Auctomatic)을 설립하고 11개월 만에 이를 캐나다 회사 라이브커렌트미디어(Live Current Media)에 500만 달러에 팔아서 시드머니를 챙겼다.

이 두 형제는 곧바로 슬라이스호스트(Slicehost)라는 프로토타입 모델을 구축하다가 지불게이트 웨이 분야에 근무하는 친구의 부탁으로 사용하기 쉬운 API 세트를 개발했다. 이 API 세트는 모든 개발자가 1분 이내 복사해 붙여넣을 수 있는 7줄의 코드로 구성됐다. 바로 스트라이프의 출발이었다.

스트라이프의 경쟁력은 무엇보다 결제 단계를 획기적으로 줄였다는 데 있다. 일반적으로 온라인 쇼핑업자가 페이팔 시스템을 자신의 서비스와 연동하기 위해서는 9단계의 과정을 거쳐야 하지만, 스트라이프는 결제서비스와 연동되는 API 소스 코드를 자사 홈페이지에서 제공하면서 이 과정을 3단계로 줄였다.

쇼핑몰 판매자는 단 7줄로 구성된 API를 회원가입–소스 코드 복사–판매자 홈페이지에 붙여넣기만 하면 된다. 구매자 역시 별도 페이지를 오픈하지 않고도 바로 결제를 진행함으로써 번잡스러운 단계를 줄일 수 있게 돼 구매력을 더욱 촉발시켰다.

두 번째는 낮은 수수료다. 가령 일반 카드사의 수수료는 건당 4~5%이지만, 스트라이프는 2.9%에 30센트를 추가한 수수료만 받는다.

이같은 편의성과 가성비를 앞세워 스트라이프의 사세 확장은 폭발적으로 늘어났다. 이미 2021년 100억 달러 매출을 올렸는데, 전년 대비 80% 이상 신장된 것이다. 특히 코로나 상황이 악화될수록 스트라이프의 매출은 더욱 가파르게 성장 중이다.

현재 스트라이프는 여세를 몰아 디지털 뱅킹 시장에도 진출했다. 스트라이프의 디지털 뱅킹 서비스인 Aylas는 전 세계 어디서나 계좌를 개설하고 송금 결제를 받을 수 있다. 또한, 구매 사기를 잡아내는 감

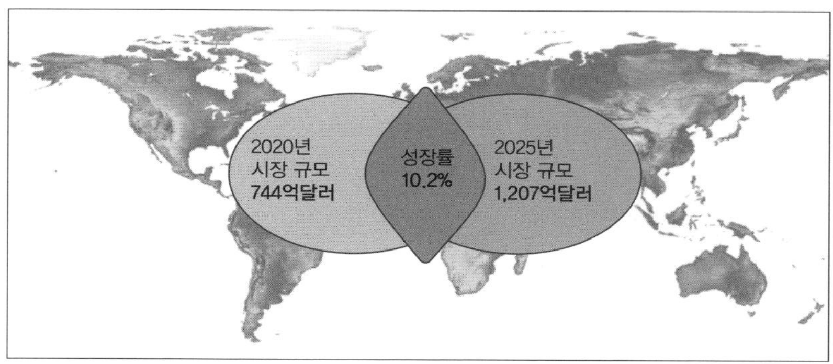

전 세계 결제 처리 솔루션 시장 전망 _출처: Market Bridge

지 시스템 '레이더'를 구축한 것을 비롯 인터넷 사업자 대상의 대출 서비스를 제공하는 'Capital'도 운영 중이다. 이밖에 스트라이프는 SaaS 시장의 리더인 세일즈포스와 제휴를 맺고 세일즈포스가 새롭게 출시한 커머스 서비스 이용객들이 스트라이프로 결제할 수 있는 프로세스를 만들었다. 개인용 시장에서 엔터프라이즈 시장으로 영토 확장을 꾀하는 전략이다.

평 점

서비스 능력 및 기술력	: ★★★★☆
제품과 서비스의 혁신성	: ★★★★☆
향후 시장성 및 성장성	: ★★★★☆
Leadership	: ★★★☆☆

Comment

소비자 편의성 극대화, MZ세대 유입, 엔터프라이즈 시장으로의 진격

워크데이 Workday 5

차별화된 서비스로 클라우드 기반 HR 시장의 선두 기업 우뚝

- 2005년 피플소프트 출신 경영진들이 설립
- 클라우드 기반의 인적자원관리 서비스
- 2021년 매출 43억2,000만 달러로 전년 대비 19% 성장
- www.workday.com

워크데이(Workday)는 2005년 설립된 재무관리 및 인적관리 전문 소프트웨어 기업이다.

2005년 기업용 소프트웨어 시장의 강자였던 오라클이 인사관리 전문 소프트웨어 기업인 피플소프트(Peoplesoft)를 인수하자, 피플소프트 설립자인 데이비드 듀필드(David Duffield)와 애닐 부스리(Aneel Bhusri)가 별도로 독립해 설립한 기업이다. 2012년 95억 달러라는 기업가치평가를 받으면서 기업공개를 했다.

워크데이는 포춘이 선정한 가장 일하기 좋은 100대 기업 순위에서 당당히 5위에 랭크될 정도로 직원 만족도도 높은 회사다.

워크데이의 재무, 인적자원, 기획, 분석 등의 애플리케이션은 단일 시스템에서 제공되는 한편 가시성을 보장하는데 탁월하다. 단일 데이터 소스, 단일 보안, 단일 사용자 경험이 그것이다. 조직에 맞게 설계

돼 간단하면서도 사용하기 편리하다는 게 큰 장점이다. 직원들의 업무 스타일도 소프트웨어 프로세스에 종속된 업무 진행에서 능동적, 주도적으로 변화한다. 어디서든 웹이나 모바일 기기를 통해 최신 기능을 최신 버전으로 업데이트할 수 있다.

워크데이는 클라우드 기반의 ERP(Enterprise Resource Planning) 시장에서 초기 시장 선점에 성공했다.

ERP는 프런트 솔루션인 CRM과 달리 기업 업무 프로세스 전반에 걸쳐 광범위한 분야에 걸쳐 적용된 솔루션으로 클라우드로 전환하는 것은 상당한 시간과 비용이 소요된다. 뿐만 아니라, 기업의 전체적인 문화나 철학 등을 바꿔야 하는 멘탈적인 요소도 강하다. 이미 많은 기업은 전통적인 시스템 기반의 ERP를 도입한 상황이라, 이를 클라우드로 전환하기는 쉽지 않다.

워크데이는 바로 이같은 점을 노렸다. 분산화된 데이터로 운영되던 기존의 ERP 모델은 새로운 기술과 변화하는 시장 흐름에 적용하기가 쉽지 않다는 데 문제가 있음을 워크데이는 주목했다. 즉, 워크데이는 기업 관리 클라우드를 통해 종전에 구축된 ERP와 결합한다면, 궁극적으로 디지털 트랜스포메이션을 지향하는 기업으로 탈바꿈할 수 있다고 고객을 설득했다. 때문에 워크데이 솔루션의 기능 중 90%는 고객 주도하에 만들어진다. 소프트웨어 변경 없이 고객특성에 맞게 이에 부합하는 디지털 프로세스를 구현한다는 것이다. 고객 만족도가 높아질 수밖에 없다.

특히 워크데이는 전략적 인수합병을 통해 빠르게 몸집을 키웠다. 신규 사업 진출을 위해 과감한 인수합병을 추진한 것이다. 여기에는 설립자이자 최고경영진들의 발 빠른 판단이 한몫했다.

설립 이후 워크데이는 자사 제품에 대한 성능 개선과 신규 시장 진출을 위해 17개사를 잇달아 인수했다. 특히 기업공개에 성공한 이후 워크데이는 머신러닝, 증강현실 분야의 스타트업들을 연달아 인수하면서 제품 성능 보강에 나서고 있다. 인수합병 전략은 워크데이의 브랜드 인지도를 확장하는데 기여하고 있다.

워크데이는 SaaS 시장에서 다진 입지를 PaaS(Platform as a Service) 시장으로 확대한다는 전략을 세우고 2017년에 본격적으로 PaaS 시장에도 발을 들여놓았다.

현재 전 세계적으로 1만2,500명의 직원을 두고 있으며, 2020년 매출은 전년 대비 19% 성장한 43억2,000만 달러를 기록했다. 특히 구독

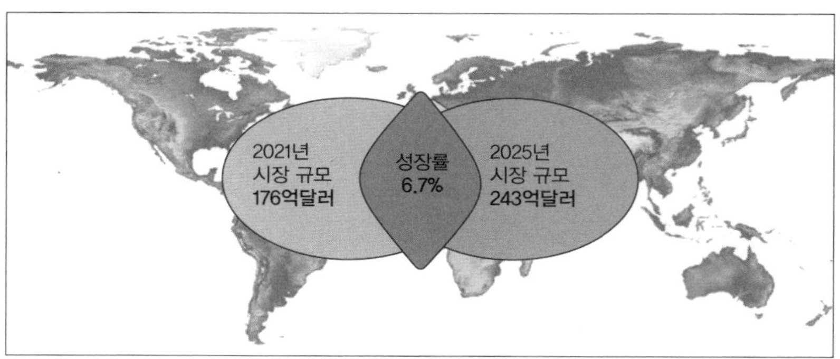

2020년 인적자본관리 SW 시장 전망 _출처: Markets & Markets

형 서비스 매출은 38억 달러에 달한다.

2021년 기업가치는 632억6,000만 달러로 전 세계 기업 중 289번째로 높은 몸값을 자랑한다.

평 점

서비스 능력 및 기술력	: ★★★☆☆
제품과 서비스의 혁신성	: ★★★☆☆
향후 시장성 및 성장성	: ★★★☆☆
Leadership	: ★★★★☆

Comment

HCM 분야 판도를 바꾼 워크데이, 고객 친화적 제품에 전력한 결과

누뱅크 Nubank 6

보수적 브라질 금융계 혁신 아이콘

- 2013년 브라질 상파울루에서 설립
- 클라우드 기반 핀테크 서비스
- 워렌 버핏이 5억달러 투자하면서 주목, 5천만명 고객 확보
- nubank.com.br

인터넷 뱅킹은 이제 거스를 수 없는 대세로 떠올랐다. 한국은 물론 전 세계적으로 인터넷 뱅킹의 위력은 대단하다.

무엇보다 신용거래 등의 금융실적만으로 대출금리를 정하던 관행에서 과감히 탈피했다. 비금융 데이터만으로 심사에 활용해 금리를 결정하는 등 파격적인 조건으로 기존 공룡 은행에 의존하던 고객들을 빠르게 흡수하고 있다.

특히 인터넷 뱅킹 가입자는 기성세대보다 스마트 기기에 익숙한 젊은 세대들에게 더 매력적이다. 이들은 장기적으로 인터넷 뱅킹의 잠재적인 '큰 손'들이다.

누뱅크(Nubank)는 브라질에서 설립된 핀테크 기업으로 라틴 아메리카에서 가장 주목받는 뉴테크놀러지 기반의 신생 디지털 은행이다. 2013년 인터넷 은행으로 설립된 이후 현재 5,000만 명 가까운 고객을 확보했으며, 독일 베를린 등 주요 도시에 사무소를 두고 있다. 투자의

귀재라는 워렌 버핏으로부터 거액의 투자를 받아 세간의 이목을 받았다. 누뱅크의 기업가치는 현재 300억 달러. 상장할 경우 500억 달러도 무난할 것이란 전망이다.

이처럼 누뱅크가 주목받은 이유는 전통 금융 시장을 뛰어넘는 혁신적인 서비스를 제공하기 때문이다. 브라질은 전통적으로 상위 5대 은행이 지배하는 독과점 구조다. 이들 5대 은행은 보수적이고 관료적인 체계 때문에 그간 고객들의 불만이 누적돼 왔다. 일반인들이 이들 은행과 거래하려면 높은 금리를 지불해야 했다. 부자들만을 위한 전용은행이란 비판에 직면해 왔다. 누뱅크는 바로 기존 은행들의 권위적인 틈새를 빠르게 파고들면서 다크호스로 부상했다.

누뱅크는 브라질 현지에서 가입비와 연회비가 없는 신용카드를 만들어 폭발적 인기를 누렸다. 누뱅크의 신용카드 이율은 2.75%에서 9.99%로 수준이다. 기존 은행들은 연체 이자가 수백 프로(%)에 달할 정도로 악명이 높다. 거기다 누뱅크는 클라우드 기반의 인터넷 전문은행이라는 최신의 트렌드를 접목했다.

워렌 버핏은 이 회사에 5억 달러를 투자했다. 이 때문에 워렌 버핏에게 '선택받은 핀테크 기업'으로 명성이 더해졌다.

버핏은 그동안 미국 대형은행들의 지분을 상당수 갖고 있었지만, 앞으로 금융 흐름이 공급자에서 소비자로 이동할 것으로 예측, 누뱅크에 거액을 베팅했다.

한편 누뱅크는 상장을 앞두고 몸값을 올리기 위한 다양한 시도를 하고 있다. 누뱅크는 2021년 9월에 사업확장을 위해 전자상거래 즉시결제 스타트업인 스핀페이(Spin Pay)를 인수했다.

스핀페이는 국가의 Pix 즉시지불시스템을 기반으로 QR코드, 전화번호, 이메일 등의 정보를 사용해 일정 한도 내에서 결제서비스를 제공하는 핀테크 스타트업이다. 현재 백화점, 항공사 등 220여 개 업체들과 거래하고 있다.

인수를 통해 누뱅크는 전자상거래 소매시장에도 진출하게 됐다. 누뱅크는 이번 합병을 통해 40여만 명의 고객에게 더욱 편리한 소매 서비스를 제공할 것으로 기대하고 있다.

이번 인수는 누뱅크가 2020년 이후 4번째로 인수한 사례다. 2020년에 누뱅크는 보다 완벽한 서비스를 제공한다는 목표 아래 투자플랫폼 회사와 컨설팅 기업, 소프트웨어 엔지니어링 회사를 차례로 인수했다. 2021년에도 기술회사인 준토스(Juntos)를 인수한 바 있다.

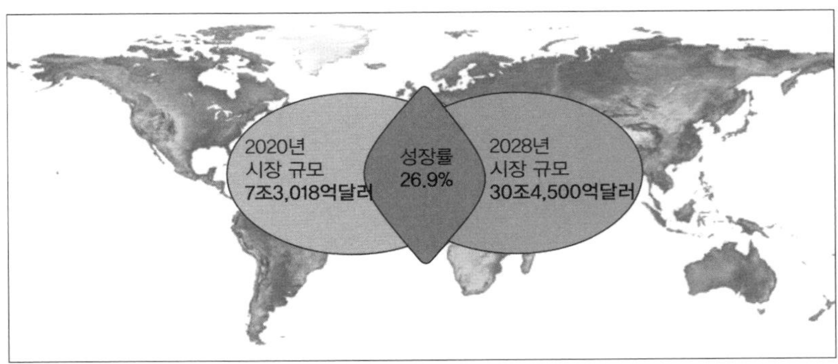

전 세계 핀테크(Fintech) 시장 전망 _출처: ResearchAndMarkets

브라질은 축구, 삼바댄스 등 활발하고 개방적인 문화 색깔을 띤 나라로 알려져 있다. 하지만 의외로 브라질은 보수적인 문화가 한 축을 이루고 있는 것도 사실이다.

스타트업이 그리 많지 않은 브라질에서 누뱅크는 분명 자기만의 독특한 색깔로 그것도 가장 보수적인 집단인 금융권을 기반으로 해 이제는 세계적인 핀테크 기업으로 발돋움하고 있다.

평 점

서비스 능력 및 기술력	: ★★★☆☆
제품과 서비스의 혁신성	: ★★★☆☆
향후 시장성 및 성장성	: ★★★☆☆
Leadership	: ★★★☆☆

Comment

브라질의 보수적 금융환경에 혁신 바람, 막대한 손실극복이 과제

콰이쇼우 Kuaishou Technology 7

숏폼 동영상 시장의 최강자, 라방으로 확장

- 2011년 중국 베이징에서 구글과 바이두 엔지니어였던 수화가 설립
- 숏폼(짧은) 동영상 제작과 서비스
- 2021년 2월 기업공개, 2021년 매출 109억 달러
- www.kuaishou.com

중국에는 유튜브와 넷플릭스 등과 같은 동영상 앱이 없다. 시진핑 당국이 유튜브 사용을 금지하고 있기 때문이다. 중국의 기본 체제를 무너뜨릴 수 있다는 우려에서다. 하지만 인구 면에서 압도적인 중국은 사용자 수에서는 유튜브와 맞먹는 동영상 앱들이 있다.

중국 판의 넷플릭스라 할 수 있는 '아이치이', 한국의 카카오톡과 같은 '틱톡', 동영상 제작 앱 '훠산' 등이 중국 동영상 시장에서 나름 입지를 굳힌 서비스다.

이중 콰이쇼우(Kuaishou)는 틱톡과 함께 전 세계적으로도 주목받는 동영상 제작 앱이다. 중국 동영상 시장을 조사하는 리서치 회사인 엔트그룹은 중국의 동영상 구독자 수가 3억 명을 넘었을 것으로 예측한 바 있다. 사용자 규모로 본다면 전 세계 1위다.

중국에서 유독 인기를 끌고 있는 숏폼(Short-form: 짧은 영상) 영상은

이미 앱 사용자가 6억 명에 육박할 정도로 폭발적 인기를 끌고 있다. 이용자들이 숏폼 영상에 매료되는 이유는 다양한 분야의 짤막한 영상을 짧은 시간에 이용할 수 있다는 장점 때문이다.

중국인들은 긴 영상을 오랫동안 보는 것보다 바쁜 와중에 짬짬이 볼 수 있는 영상을 더 선호한다는 게 중국 전문가들의 분석이다. 거기다 숏폼 동영상은 누구나가 손쉽게 영상을 올릴 수 있고 댓글을 통해 이용자들과 지속적인 커뮤니케이션을 할 수 있다. 이같은 장점들로 콰이쇼우는 빠른 시간에 놀라운 성과를 거두었다.

콰이쇼우의 성과에 대해 설립자이자 최고경영자인 수화(Su Hua) 사장은 인공지능 기술에 대한 투자와 현지화 투자 전략이 성공비결이라고 강조한다. 그는 인공지능 기술을 활용해 영상 검색에 활용한다면 충분히 승산이 있다고 믿었다. 즉, 콰이쇼우의 성공에는 첨단 인공지능 기술을 이용해 숏폼 영상을 보고 싶어 하는 사용자에게 적합하게 매칭시키는데 있다는 것이다.

콰이쇼우는 2021년 2월에 기업공개를 했는데, 공개 첫날에 300홍콩달러에 거래를 완료해 상장 첫날에만 시장가치 1조 홍콩달러를 기록하는 대박을 터뜨렸다. 비록 이후에 주가는 하락했지만, 콰이쇼우에 대한 투자자들의 기대감을 엿볼 수 있는 대목이다.

최근 들어 중국 당국이 대형 정보기술 업체를 규제하는 흐름 속에서도 콰이쇼우는 호실적을 기록 중이다. 알리바바와 텐센트 등이 중국 당국의 검열로 타격을 입는 것과 다른 모양새다.

콰이쇼우는 2021년 3분기 매출이 전년 같은 기간보다 33.4% 늘어난 3조8,140억 원을 거두었다. 전문가들은 콰이쇼우가 온라인 콘텐츠에 대한 중국 정부의 단속과 틱톡과의 경쟁에서 예상을 뒤엎는 결과라고 진단했다.

2021년 예상 매출은 109억 달러로 2020년 91억 달러보다 18.6% 성장했다.

콰이쇼우의 이같은 선전은 스포츠나 음악 등 다양한 분야로 신규 콘텐츠를 발굴한 덕택으로 풀이된다. 게다가 2022년도 개최된 베이징 동계올림픽 중계권과 중국 프로농구 콘텐츠 제작권을 따냄으로써 외부환경에 발 빠른 대처를 보인 것도 한몫했다.

게다가 중국 내에서 2021년도에 크게 발전한 라이브 커머스 시장에서 콰이쇼우가 예상외로 높은 실적을 달성했다는 게 증권관계자들의 분석이다.

콰이쇼우는 틱톡에 비해 사용자들의 전자상거래 전환율이 3~5배나 높다. 이것은 굉장한 이점이다. 2021년 중국의 라이브 커머스 시장은 2020년 대비 100% 늘어난 2조 위안에 달하는데, 콰이쇼우는 전년보

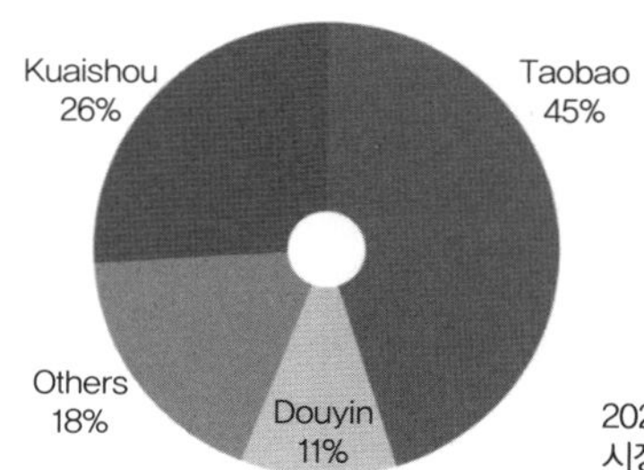

2020년 중국 비디오 스트리밍(Video Streaming) 시장 점유율 _출처: Credit Suisse

다 매출이 86% 증가한 1,758억 위안의 매출을 기록했다.

콰이쇼우가 중국 내수시장을 발판으로 큰 성장을 일구었지만, 앞으로의 행보는 미지수다. 우선 중국 당국의 빅테크 기업에 대한 규제가 여전히 엄격한 데다, 최근에는 인도와 중국 간의 국경 분쟁 문제로 인도에서도 서비스가 금지된 상황이다.

정치적인 이슈가 비즈니스에도 영향을 미치게 된다면, 특히 SNS 기업들의 타격은 불가피하다.

하지만 이런 우려에도 불구하고 콰이쇼우의 광폭행진은 거침이 없다. 높은 실적과 함께 전략적 인수합병을 통해 사업 범위도 넓혀 나가는 한편 서비스 질의 개선을 동시에 추구하는 양면 작전을 효과적으로 펼치고 있다는 게 전문가들의 평가다.

평 점

서비스 능력 및 기술력	: ★★★☆☆
제품과 서비스의 혁신성	: ★★★☆☆
향후 시장성 및 성장성	: ★★★☆☆
Leadership	: ★★★☆☆

Comment

콰이쇼우의 인공지능 기반 서비스는 탁월하지만, 정치적 이슈를 극복할지 관건

리비안 Rivian 8

아마존과 포드가 선택한 전기차 스타트업

- 2009년 미국 MIT 출신 엔지니어가 설립
- 전기 트럭과 전기 SUV 시장 진출
- 2021년 11월 나스닥 상장
- rivian.com

2021년 11월 10일, NASDAQ에 상장한 전기자동차 업체 리비안(Rivian)은 요즘 가장 핫한 기업 중 하나이다. 상장 일주일 만에 리비안은 시가총액 1,467억 달러로 테슬라, 도요타에 이어 세계 자동차 업계 중 몸값 3위를 기록했다. 80년이 넘는 역사를 가진 독일의 폭스바겐의 몸값을 가볍게 제친 것은 물론 현대차와 혼다도 리비안 돌풍에 기세가 꺾일 정도다.

리비안의 돌풍은 사실 상장 전부터 예고돼 있었다. 2009년 설립된 리비안은 전기차 개발에 전념한 기업으로 기후변화에 대처하는 미래 기술로 전기차 분야가 각광받으면서 상장 일주일 만에 1,500억 달러에 육박하는 몸값을 기록한 것이다.

리비안의 창업자인 로버트 스캐린지(Robert Scaringe)는 미국 MIT대 출신으로 2009년 전기차 개발사인 메인스트림모터스(Mainstream

Motors)를 창업했다. 이후 2011년 회사명을 리비안으로 바꿨는데 초기에는 전기 스포츠카 개발에 전념했지만, 테슬라가 전기 스포츠카인 로드스터(Roadster)를 출시하자 전략을 바꿔 전기 트럭 시장 공략에 나선 것이다. 때문에 리비안의 가치에 대한 거품 논쟁이 치열하게 나타나고 있다. 리비안의 2021년 판매 실적은 전기차 150대에 불과하다. 과연 리비안은 거품일까?

리비안이 세상의 이목을 집중시킨 것은 2018년 아마존 창업자인 제프 베조스가 투자한 후 부터다. 전기차와 자율주행차에 관심을 갖고 있던 제프 베조스는 앨런 머스크의 테슬라 대항마로 리비안을 선택했다. 리비안의 기술력은 사업적 감각이 뛰어난 제프 베조스 눈에도 매력적인 회사로 비춰졌다.

리비안이 테슬라의 위상을 넘볼 기업으로 일찌감치 주목받았다지만, 이 정도의 열풍은 월가에서도 뜻밖이었다. 리비안은 사실 설립한 지 10년이 넘는 기업이지만, 뚜렷한 실적은 없는 기업이다. 다만, 앞서 언급한 것처럼 아마존이라는 빅테크 기업과 포드(Ford) 등 클릭&모타르(Click & Mortar: 온라인 기업 & 전통기업) 기업들이 선택한 회사라는 점이 부각됐을 뿐이다.

그렇다면, 리비안의 향후 전망은 어떨까? 월가에서도 리비안의 향후 전망에 대해선 거품론과 대세론이 혼재돼 있다. 이런 점을 의식한 듯 리비안은 전기 트럭인 RIT 픽업트럭의 대량 배송을 시작했다고 발표했다. 본격적인 검증대에 들어선 것이다. 2021년 내로 1,200대 생산, 1,000대 출고를 목표로 하는 거북이 행보를 보이고 있다. 많은 기술 전문가들은 리비안의 기술력이나 마케팅 퍼포먼스, 시장의 장기 전망 등에서 호의적인 시각을 보내고 있는 것은 사실이다.

리비안이 이같은 거품을 해소할지는 더 두고 봐야 한다지만, 손실액이 지나치게 많다는 것은 약점이다. 리비안은 2021년 상반기에만 9억 9,100만 달러의 손실을 기록했으며, 2020년 손실까지 포함하면 현재까지 22억 달러의 누적 손실을 기록 중이다.

리비안으로서는 단기간에 실적을 내야 한다는 압박감에 시달릴 수 있다. 물론 리비안 지분 20%를 갖고 있는 아마존이 일정부문 수요를 충족시킬 것이란 기대감이 있는 것도 사실이다. 그럼에도 리비안의 사업 실적에 관심을 갖는 것은 당연한 사실이다. 가령 리비안의 선배격인 테슬라는 2021년도 차량판매가 80% 증가했다. 테슬라도 수익을

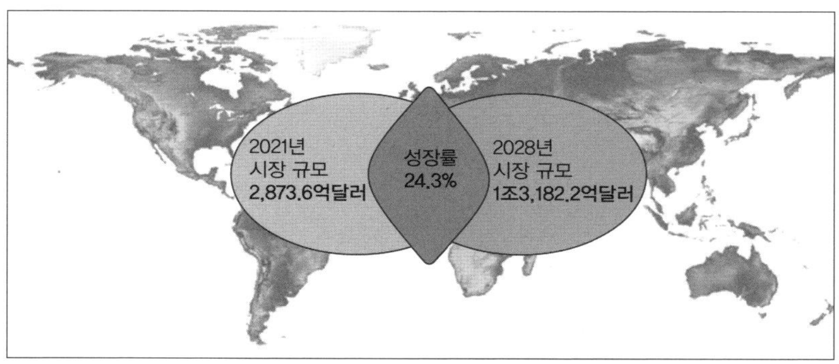

전 세계 전기차 시장 전망 _출처: Fortune Business Insights

내기에는 몇 년의 시간이 더 필요했다. 전기 트럭에 대한 관심이 높아지고 있다는 점도 리비안의 미래를 밝게 한다.

리비안은 전기 트럭차에 집중하고 있지만, 그들의 사업영역이 전기 트럭에 그치지는 않을 것이란 게 대체적인 전망이다. 전기 트럭을 통해 일종의 강자들이 틈새를 허용한 시장에 진출해 있지만 리비안의 기술력이 전기 트럭 분야에서 입증된다면, 곧바로 일반 자동차 시장에 뛰어드는 것도 시간문제일 것이다.

리비안이 세간의 이목처럼 이제 막 태동한 전기 트럭과 전기 SUV 시장에서 성과를 거둘지 지켜봐야 할 것이다.

평 점

서비스 능력 및 기술력	: ★★★☆☆
제품과 서비스의 혁신성	: ★★★★☆
향후 시장성 및 성장성	: ★★★★☆
Leadership	: ★★★★☆

Comment

제2의 테슬라라는 꼬리표, 누적된 손실, 성장 잠재력은 언제쯤 꽃피울 수 있을까

줌비디오커뮤니케이션 Zoom 9

사용자 편의성 내세운 화상회의 솔루션으로 주목

- 2011년 시스코 출신 엔지니어 에릭 위안이 설립
- 화상회의(Video Conferencing) 소프트웨어
- 2021년 매출 26억5,140만 달러로 전년보다 326% 성장
- zoom.us

2020년부터 시작된 코로나 팬더믹으로 재택근무가 일상화되면서, 얼굴을 마주보는 면대면 회의보다는 비대면 회의가 뉴노멀(New Normal)인 시대가 됐다. 비대면 미팅이 주류로 자리 잡으면서 떠오르는 시장이 바로 화상회의(Video Conferencing) 시장이다. 화상회의 시장은 코로나 전에도 주목받는 시장이었지만 코로나로 인해 폭발적 성장을 거두고 있다.

현재 화상회의 시장은 MS, 시스코 등 대형 소프트웨어 업체들이 앞다퉈 제품을 출시하면서 선점 경쟁을 펼치고 있는데, 화상회의 시장의 대세로 일약 떠오른 기업이 있다. 바로 줌비디오커뮤니케이션(Zoom Video Communications)이다.

2011년 설립된 줌은 협업을 위한 다양한 소프트웨어를 개발해 판매 중인 기업이다. 화상회의 소프트웨어를 기본으로 온라인 챗(Online

Chat) 서비스와 클라우드 기반의 P2P(Peer to Peer) 소프트웨어를 제공하고 있다.

시스코 화상회의 제품인 웹엑스(Webbex) 엔지니어 출신인 에릭 유안(Eric S. Yuan)이 40여 명의 엔지니어와 2011년 설립한 줌은 공세적인 시장 공략으로 설립 6년 만에 기업가치가 10억 달러를 넘어서면서 유니콘 대열에 합류했다.

설립 후 계속 적자를 보다가 2019년도에 처음 수익을 올리기도 했다. 회사 초창기에는 이미 화상회의 시장이 포화상태라 성장성이 낮다는 평가를 받아 외부 투자자로부터 자금 수혈을 받는데 애로사항도 많았다.

꾸준히 화상회의 제품개발에 매진하던 줌은 2012년 11월에 첫 번째 고객을 확보하게 된다. 바로 스탠퍼드 대학교였다. 처음 제품을 출시한 지 한 달 만에 사용자는 40만 명이었다. 하지만 2013년에 드디어 마의 고지인 100만 명의 사용자를 확보하면서 일취월장하는 상승기류를 탔다. 여기에 코로나 팬더믹 상황이 길어지면서 줌 사용자는 폭발적 증가세를 보였다. 2020년 4월 기준으로 일 사용자는 3억 명으로 늘었다. 이제 웬만한 학교나 기업에서 줌은 기본적인 비대면 미팅 시스템으로 채택되고 있다.

줌 제품이 이처럼 광범위한 고객군을 확보할 수 있었던 배경에는 무엇보다 통합 플랫폼상에서 사용자 편의성을 극대화하는 한편 가격구조가 유연하기 때문이다. 여기에 강력하고도 다양한 기능들이 결합된 것도 주효했다. 특히 줌은 각종 사회기여 활동을 통해 줌의 브랜드 인지도를 강화하는데도 활발한 활동을 펼쳤다.

하지만 줌이 승승장구만 거듭한 것은 아니다. 일단 보안 측면에서 허술했다. 암호설정을 하지 않아 회의 중에 인가받지 않은 사용자가 난입했고, 해커들의 표적이 되기도 했다. 줌으로선 치명적인 약점을 노출한 것이다. 이런 문제 때문에 한동안 줌은 고개를 숙여야 했으며, 보안 기능을 추가하게 되자 줌의 강점이라 할 수 있는 사용자 편의성은 오히려 나빠지는 결과를 초래했다.

그럼에도 줌은 성장을 멈추지 않고 있다. 줌은 지속적으로 관련 소프트웨어 기술을 흡수하면서 기능을 다양화하고 관련된 제품을 잇달아 출시했다. 줌은 자사의 소프트웨어를 2015년과 2016년에 슬랙(Slack), 세일즈포스, 비즈니스용 스카이프(Skype) 제품과 통합했다. 2017년에는 의사와 환자 간 원격 상담이 가능한 원격 의료 소프트웨

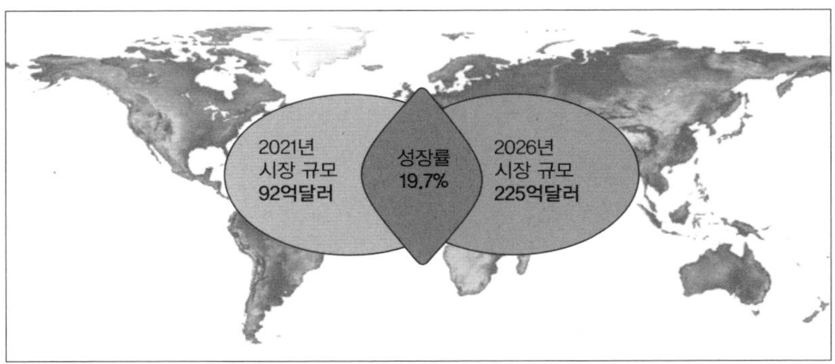

전 세계 화상회의(Video Conferencing) 소프트웨어 시장 전망 _출처: Markets & Markets

어를 시장에 내놓았으며, 폴리콤(Polycom)의 컨퍼런싱시스템과 통합을 발표했다.

2019년에 기업공개를 한 줌은 2020년도에 재택근무자를 위한 가정용 줌(Zoom For Home)을 출시하는 한편 화상회의 기기인 줌 룸즈(Zoom Rooms)와 줌 폰을 출시하는 등 소프트웨어에서 하드웨어 영역으로까지 사업 범위를 넓히고 있다.

줌의 연간 매출은 2021년도에 26억5,140만 달러를 올렸는데, 이는 전년보다 326% 증가한 수치다. 1년 만에 매출은 3배, 영업이익은 51배 늘어났다. 이에 따라 줌의 기업가치는 450~500억 달러로 평가받고 있다.

평 점

서비스 능력 및 기술력	: ★★★☆☆
제품과 서비스의 혁신성	: ★★★★☆
향후 시장성 및 성장성	: ★★★☆☆
Leadership	: ★★★★☆

Comment

거침없는 줌의 행보, 보안 문제로 일단 주춤. 확실한 유료 모델 제시 필요

클라르나 Klarna 10

BNPL 시장 주도, 핀테크 시장 총아로

- 2005년 스웨덴 스톡홀름대 재학생 3명이 설립
- 선구매 후불결제 서비스
- 하루 거래액 2백만건, 전년 상반기 대비 거래량 53% 증가
- www.klarna.com

핀테크 기업들이 스타트업 시장에서 가장 높은 관심을 받는 가운데, 스웨덴이 자랑하는 핀테크 기업 클라르나(Klarna)는 일찌감치 혁신적인 아이디어로 시장의 다크호스로 부상했다. 이른바 선구매 후불 결제(BNPL: Buy Now Pay Later) 서비스가 그것이다.

BNPL은 이용자에게 무이자 혹은 저렴한 비용으로 제공되는 할부 서비스로서, 기업이 상점에 판매대금을 선지급하면 소비자는 일정 기간 내 구매 금액을 할부로 납부하면 된다.

이런 편리함 때문에 BNPL 서비스는 새롭게 떠오르는 결제서비스 시장이다. 이미 BNPL 서비스는 많은 금융권이 서비스를 시작하면서 신용카드를 만들기 힘든 젊은 세대들에게 폭넓게 고객층을 넓혀가는 추세이다. 호주의 애프터페이(Afterpay), 알리페이의 화베이 등도 BNPL 서비스를 제공하는 등 BNPL 서비스는 주류 금융서비스로 자리 잡고 있다.

후불결제 시장이 폭풍 성장하면서 후불결제 업체들의 몸값도 치솟고 있다. 트위터 창업자인 잭 도시(Jack Dorsey)가 설립한 결제 전문기업 스퀘어는 애프터페이를 290억 달러에 인수하기도 했다. 아마존도 후불결제 시장에 진출하기 위해 어펌(Affirm)과 제휴를 맺었는데, 협약을 통해 50달러 이상 가전이나 가구, 패션 제품을 구매할 경우 할부로 후불결제가 가능하도록 했다. 이외에도 아디다스, 월마트 등도 일정 금액 이상이면 후불결제가 가능하다. 페이팔도 최근에 후불결제 시장 진출을 선언하기도 했다.

그동안 후불제에 대해 엄격했던 한국도 2021년 2월에 네이버페이의 소액 후불결제 서비스를 허용함으로써 국내서도 본격적인 후불제 시대가 열렸다.

이 회사는 2005년 2월에 스웨덴의 '서울대'라고 할 수 있는 스톡홀름 대학 석사과정에 재학 중이던 세바스찬 시미아코프스키(Sebastian Siemiatkowski)가 동창생 2명과 함께 설립했다. 소비자들에게 무이자로 상품을 구매하게 해주고 동시에 가맹점들에게 결제 대금을 모두 선지급하는 방식의 금융서비스를 제공하면서 클라르나는 오늘날 핀테크 기업의 성공모델로 자리 잡았다.

이미 클라르나는 전 세계 17개 나라에서 9,000만 명의 고객을 확보하고 있는데 미국 내 사용자만 2,000만 명이 넘는다. 또한, 25만 개의 가맹점을 확보했으며, 하루 평균 200만 건 이상의 거래를 기록하고 있다. 설립 16년 차인 클라르나는 현재 전 세계적으로 직원이 4,000여

명에 달하고, 2021년 상반기 결제량은 지난 상반기보다 53% 증가했다. 기업가치 역시 가파르게 증가하더니 2021년 현재 456억 달러다.

클라르나의 결제서비스가 시장에서 주목받은 가장 큰 요인은 편리한 결제 방식 때문이다. 소비자는 거래할 때 계좌번호나 보안 프로그램을 설치하지 않아도 결제할 수 있으며, 청구서를 받고 난 뒤에서 원하는 방식으로 대금을 지불할 수 있다. 자금 사정에 따라 결제 조건을 달리할 수도 있다.

저렴한 가맹점 수수료도 클라르나의 인기를 부채질한다. 클라르나는 가맹점에서 거래 한 건당 0.3달러라는 가맹비를 고정비로 받고 결제 금액의 5.99%의 수수료를 받는다. 또한, 연체 시 발생하는 연체비도 후불결제 업체들의 수익이다. 비자나 마스터가드보다 수수료가 높은 편이지만, 클라르나 서비스의 편리함 때문에 가맹점들은 클라르나 선호도가 높다.

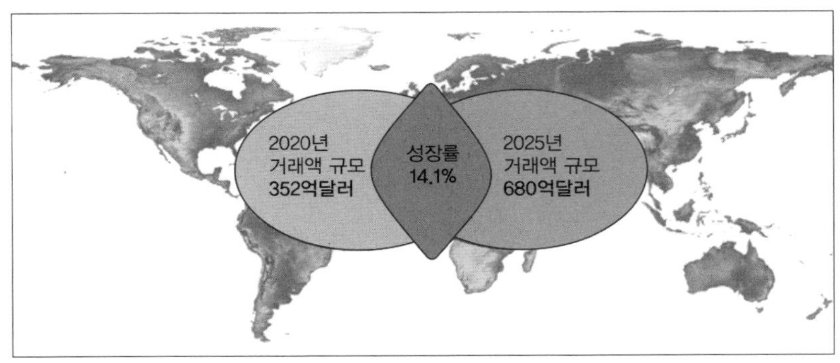

전 세계 BNPL(후불결제서비스) 거래액 전망 _출처: Business Insider

후불결제 시장은 앞으로 성장성도 밝다. BNPL 거래액은 2020년 352억달러에서 2025년이면 700억 달러에 이를 전망이다.

문제는 몸집은 커지고 있지만 부실 확률도 높아지고 있다는 점이다. 클라르나의 2021년 상반기 매출은 1년 전보다 14% 증가했지만, 손실은 2.6배 늘었다. 후불 결제금을 제때 납부하지 않은 부실 사용자들이 늘면서 손해도 급증하고 있는 셈이다. 다른 후불결제 업체인 어펌도 매출은 67% 증가했지만, 손실은 3배 이상 늘었다. 후불결제 시장의 우려가 현실로 다가온다는 지적이다.

거기다 후불결제 시장이 만연해지면서 소비자들의 과도한 소비 욕구를 부채질, 과소비를 유도하고, 이에 따른 심각한 신용등급 하락을 초래할 수 있다는 지적도 제기된다. 다만 클라르나는 이같은 점을 우려하면서도 결코 성장에 장애물은 아니라고 반박하고 있다. 일종의 '성장통'일 뿐이라는 반박이다.

평 점

서비스 능력 및 기술력	: ★★★☆☆
제품과 서비스의 혁신성	: ★★★★☆
향후 시장성 및 성장성	: ★★★☆☆
Leadership	: ★★★☆☆

Comment

혁신적 기술, 저렴한 수수료, 점증하는 손실규모는 장애물? 성장통?

칸바 Canva 11

비주얼커뮤니케이션 대중화 선도

- 2013년 호주에서 멜러니 퍼킨스, 카메론 아담스 등이 설립
- 그래픽 디자인 플랫폼 기업
- 2021년 매출 10억 달러, 190개국 월 사용자 6천만 명 달해
- www.canva.com

칸바(Canva)는 호주에서 설립된 인터넷 소프트웨어 및 서비스 기업이다. 소셜 미디어 그래픽이나 프리젠테이션, 인포그래픽 등 시각적 콘텐츠를 만드는 데 사용되는 그래픽 디자인 플랫폼 전문기업이다. 칸바는 2013년도에 설립된 스타트업이지만 2021년 현재 기업가치는 400억 달러에 이른다. 이 회사의 디자인 플랫폼은 사용자 누구나가 기본 지식이 없이도 프리젠테이션이나 티셔츠 또는 브로슈어 등을 디자인할 수 있는 대중성을 추구한다는 점이다.

현재 칸바는 190개국에 걸쳐 월 사용자가 6,000여만 명에 이를 정도로 빠른 성장세를 보이고 있다. 세일즈포스는 물론 페이팔, 메리어트인터내셔널 등 굵직굵직한 기업들을 고객사로 확보했다, 이 회사의 수익은 2021년 말까지 10억 달러를 웃돌 것으로 전망된다.

칸바는 그래픽 디자인 소프트웨어를 서비스 형태로 제공, 이 분야의

최고 강자인 어도비를 위협하는 수준에까지 이르고 있다. 어도비를 따라잡기 위해 비주얼 이미지를 만드는 과정을 대폭 줄이는데 전략적 방점을 두고 있다. 무엇보다 칸바의 강점은 사용자들이 쉽고 빠르게 그래픽 디자인을 할 수 있도록 벡엔드 라인에서 다양한 기능을 제공하고 있다는 것. 즉, 전문 디자이너가 아니라 일반인들도 보다 편리하게 양질의 디자인을 만들 수 있는 툴을 제공한다는 게 가장 큰 강점이다. 칸바는 이를 '비주얼커뮤니케이션의 대중화'라고 표현한다.

물론 아직까지 이 시장에서 어도비의 아성은 견고하다. 여전히 프로페셔널 사용자들은 어도비 제품에 대한 충성도가 높다. 어도비의 기업가치는 2021년 7월 말 기준으로 3,000억 달러에 달한다. 하지만 이제 설립된 지 10여 년에 불과한 칸바는 어도비 몸값의 10%를 웃돌 정도로 시장에서 빠른 성장세를 보이고 있다.

칸바가 제공하는 플랫폼은 기본적으로 무료로 제공된다. 하지만 칸바 프로(Canva Pro)와 칸바포엔터프라이즈(Canva for Enterprise)는 유료 모델이다. 칸바는 2013년에 멜러니 퍼킨스(Melanie Perkins) 등이 호주 퍼스에서 설립한 스타트업이다. 칸바는 첫해에 75만 명 이상의 사용자를 보유하는 등 초기부터 주목받았다. 2014년에 소셜 미디어 및 기술 전문가 가이 가와사키(Guy Kawasaki)가 회사에 합류하면서 디자인 플랫폼 기술 수준은 높아졌다.

2015년에는 마케팅 자료에 중점을 둔 칸바포워크(Canva for Work)가 출시되었다. 이 제품은 빅히트를 쳤고, 불과 5개월 만에 기업가치가 2

배 이상 상승하는 결과를 낳았다. 이미 대내외적으로도 기술력을 인정받고 있는데 칸바는 포브스(Forbes)지가 선정한 최고의 프라이빗 클라우드(Private Cloud) 업체로 스트라이프에 이어 두 번째로 랭크될 정도로 그 위상이 높아졌다.

하지만 신생기업 칸바가 승승장구하는 것만은 아니다. 현재 2,000여 명의 직원 수를 2배 이상 늘리는 계획을 세우고 있지만, 수익성이 뒷받침될지는 여전히 미지수다. 게다가 피인수합병 루머도 흘러나온다. 신생기업 입장에서 전략적으로 M&A되는 게 성공적인 엑시트(Exit)이지만, 때로는 역효과가 날 수 있다. 고객들에게 신뢰를 떨어뜨릴 수 있기 때문이다.

최근 칸바는 비디오 그래픽 시장에도 도전장을 내밀었다. 칸바 비디오 소프트웨어는 화면 중심의 인터페이스를 제공함으로써 사용자들이 손쉽게 비디오 영상을 편집할 수 있도록 지원한다. 특히 사용자들

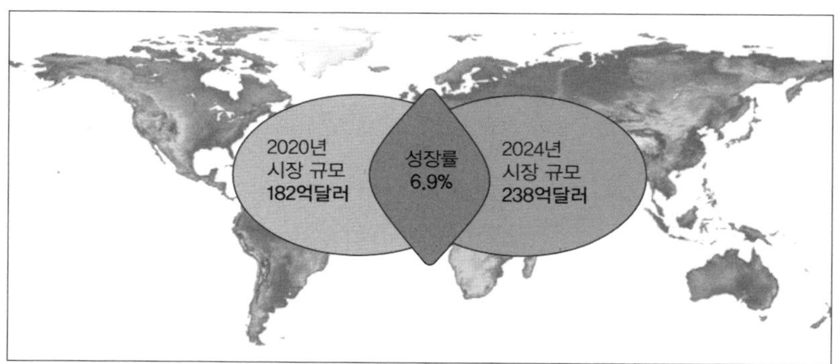

전 세계 컴퓨터 그래픽 SW 시장 전망 _출처: Statista

이 더욱 사용하기 편하게 비디오 템플릿도 제공한다. 이는 사용자들이 트위치 배너나 혹은 틱톡 비디오를 만드는 사람들이 다르다는 성향을 반영했기 때문이다.

칸바는 특히 지식 노동자의 20%가 매일 업무에 필요한 비디오를 작업한다는 점을 고려해 이를 반영한 다양한 기능도 추가했다. 칸바 비디오는 칸바가 개인용 시장(B2C) 시장에서 기업용 시장(B2B)으로의 도약을 위한 첫걸음을 뗐다는 평가를 받는다. 사실 기업용 비디오 시장은 개인용 시장에 비해 경쟁 환경이 더욱 치열한 게 사실이다.

칸바가 개인용 시장의 성과를 바탕으로 기업용 시장에서도 성공 시나리오를 이어나갈지 주목된다.

평 점

서비스 능력 및 기술력	: ★★★☆☆
제품과 서비스의 혁신성	: ★★★☆☆
향후 시장성 및 성장성	: ★★★☆☆
Leadership	: ★★★☆☆

Comment

대형 기업 고객 다수 확보, B2C에서 B2B로의 확장, 우수한 편의성, 높은 가성비

체크아웃닷컴 Checkout.com 12

혁신적 서비스로 핀테크 리더 노린다

- 2009년 스위스 출신 기욤 푸사즈가 설립
- 디지털 결제 분야 사업 주력
- 손실없이 빠른 시간에 흑자 기록
- www.checkout.com

'무명에 가깝던 회사가 불과 몇 년 만에 전 세계 핀테크 시장의 성공 모델로 자리매김하다.'

체크아웃닷컴(Checkout.com)에 대한 전문가들의 평가다. 체크아웃닷컴은 2009년 설립된 핀테크 전문기업이다. 체크아웃닷컴의 플랫폼은 전자 결제, 분석 및 사기 모니터링 기능 등을 하나의 플랫폼으로 통합했다.

영국 런던에 소재한 체크아웃닷컴은 피자헛, H&M 등의 대형고객을 확보했으며, 코인베이스(Coinbase), 클라르나(Klarna)와 리볼트(Revolt) 등과 같은 핀테크 기업들의 지불처리를 담당한다. 이미 지불결제 처리 시장에서 또 다른 강자인 스트라이프(Strype)와 아디엔(Adyen) 등과 치열한 경쟁을 펼치고 있다.

투자자들은 체크아웃닷컴이 코로나19로 가파르게 성장하는 디지털 결제 시장에서 주도권을 가질 충분한 기술력을 갖추고 있다고 평가한다. 이 회사의 핵심 서비스는 이용자별로 수많은 지불, 결제수단을 통해 물건을 판매하고, 최단 30초 내로 대금을 회수할 수 있는 금융서비스를 제공한다는 데 있다. 결제수단은 미국의 페이팔, 동남아 그랩페이, 한국의 네이버페이건 무관하다.

체크아웃닷컴의 첫 회사명은 오푸스페이먼트(Opus Payments)라는 회사로 스위스 출신 기욤 푸사즈(Guillaume Pousaz)가 만든 회사다. 기욤 푸사즈는 미국에서 지불결제 회사에 근무하면서 핀테크에 관심을 갖게 됐다. 그는 2007년도에 넷머천트(NetMerchant)라는 회사를 창업했는데, 이 회사는 일반 신용카드사가 부가하는 해외 사용 수수료 2%를 면제하는 서비스를 제공했다. 이 서비스로 유럽 출신 사용자들이 미국 내에서 수수료 부가 없이 자유롭게 신용카드 대금을 지불하게 됐다.

2009년도에 기욤 푸사즈는 기술 솔루션 기업인 오푸스페이먼트를 창업했다. 이 회사는 중국시장을 겨냥해 싱가포르에 둥지를 튼다. 신용카드사나 중개업자의 수수료를 완화하는 한편 환차 손실을 덜어주겠다는 전략을 내세워 홍콩에서 대형고객을 확보, 회사 규모는 점점 커지게 된다.

이후 유럽연합이 지불결제 정보 공개를 명하는 지급서비스 지침이 시행된 후 회사를 영국 런던으로 옮기고 2012년도에 회사명을 체크아웃닷컴으로 변경했다. 체크아웃닷컴은 핀테크 시장이 승승장구하면서 거점 도시라 할 만 곳에 지사를 설립하고, 발 빠른 서비스로 고객 요구에 부응하면서 유럽 최대의 핀테크 기업으로 자리매김하게 된다.

체크아웃닷컴은 풍부한 투자금으로 사업확장을 꾀하고 있다. 지난 2년여 동안 8억3,000만 달러를 투자받은 이 회사는 미국 뉴욕과 캐나다 덴버에 새로 사무실을 오픈하기도 했다. 현재 전 세계적으로 1,000여 명의 직원이 근무하고 있는데, 2021년도에 새로 700명을 추가 고용할 예정이다.

체크아웃닷컴은 핀테크 기업으로는 드물게 지속적으로 수익을 내는 기업으로도 유명하다.

2019년도에 유럽에서만 1억4,640만 달러의 매출을 올렸는데, 이는 2018년 7,480만 달러보다 2배 이상 늘어난 규모다. 체크아웃닷컴은 3년 연속 거래량이 3배로 증가하는 호실적을 기록하고 있다.

최고경영자이자 설립자인 기욤 푸사즈는 공개적으로 스트라이프를

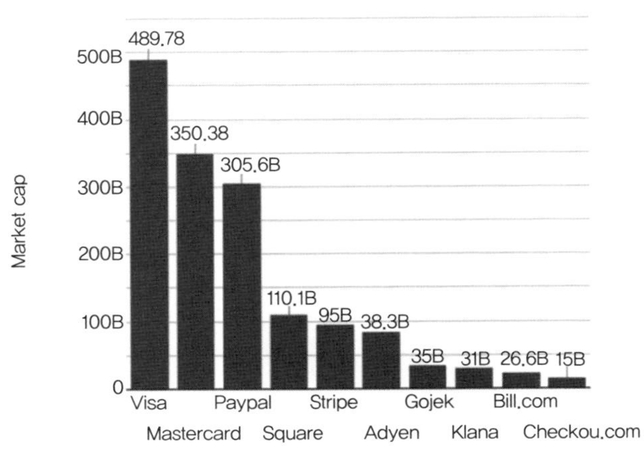

지불결제 분야 전문기업들의 기업가치(단위: 10억 달러) _출처: CFTE Fintech Unicorns

따라잡겠다고 공언한 바 있다. 현재 스트라이프의 기업가치는 950억 달러, 유럽에 상장된 아디엔의 기업가치는 600억 달러 이상이다. 이에 비해 체크아웃닷컴의 시장가치는 경쟁사들에 비해 절반 수준인 400억 달러이다. 체크아웃닷컴은 이들 기업과의 격차를 줄이는 것을 일단 일차 목표로 삼고 있다. 그것은 시장 다변화로 나타난다.

최근에 체크아웃닷컴은 중동 및 북아프리카 지역 진출도 서두르고 있다. 체크아웃닷컴은 중동 지역이 디지털 결제 시장의 잠재수요가 높다고 판단한다. 또한, 동유럽 시장 공략도 발표하는 등 체크아웃닷컴의 사업확장은 현재 진행형이다.

평 점

서비스 능력 및 기술력	: ★★★☆☆
제품과 서비스의 혁신성	: ★★★☆☆
향후 시장성 및 성장성	: ★★★☆☆
Leadership	: ★★★☆☆

Comment

핀테크 시장에서 이른 시간에 강자로 부상, 향후 성장은 미국 시장 공략에 달려

인스타카트 Instacart 13

온라인으로 누구나 쉽게 농작물을 내 집 앞에

- 2012년 인도 태생 아마존 개발자 출신의 어프로바 메타가 설립
- 온라인 기반 농작물 배송 서비스 업체
- 코스트코, 웨그먼, 이탈리 등 주요 고객 600여곳 달해
- www.instacart.com

인스타카트(Instacart)는 인도 태생 엔지니어 출신인 어프로바 메타(Apoorva Mehta)가 지난 2012년 설립한 농작물 배송 서비스 기업이다. 어프로바 메타는 블랙베리, 퀄컴과 아마존에서 엔지니어로 일했던 실력있는 개발자로 아마존 재직시절, 창고에서 고객 집으로 패키지를 이동하는 주문 처리시스템을 개발한 경험을 살려 인스타카트를 설립했다.

샌프란시스코에서 설립된 인스타카트는 온라인으로 누구나 쉽게 농작물을 배달받을 수 있는 서비스를 제공한다. 농작물 슈퍼마켓 분야에서는 아마존을 따라잡는 게 일차목표다. 모든 분야의 디지털 전환이 가팔라지고 있지만, 여전히 사각지대에 놓여있는 분야가 농산물 분야. 인스타카트는 식료품과 잡화가 전 세계에서 가장 큰 소비시장이지만 반대로 디지털화가 가장 덜된 분야라는 점을 주목했다.

인스타카트의 온라인 쇼핑 앱은 디지털에 뒤처졌던 슈퍼마켓들이 보다 장기적인 관점에서 기술을 도입하는 계기를 만들어줬다. 미국 내에서 2020년 온라인에서 식료품과 잡화를 구입하기 위해 지출한 비용이 1,000억 달러에 이른다. 이는 코로나 이전보다 3배 이상 많아진 것이다,

인스타카트는 35달러 이상을 주목하는 고객에게 수수료로 9달러를 부과한다. 또한, 연간 구독료 99달러를 지불하면 배송이 무료다. 온라인 쇼핑과 최근 주목받는 구독경제 비즈니스 모델을 접목한 게 주효했다. 반면 매장 측에도 주문당 10%의 높은 수수료를 받는다. 인스타카트는 이처럼 높은 수수료가 정당한 대가라고 확신한다. 완전한 가상거래를 지원하기 위한 인프라 투자와 고급 인력 확보가 필수적이라고 여기기 때문이다. 이같은 전략은 성공을 거두면서 인스타카트의 고객은 코스트코, 웨그먼((Wegmans), 이탈리(Eataly) 등 주요 소매업체를 포함해 600개사에 이른다.

팬더믹이 인스타카트의 성공에 가속페달을 밟게 했다. 인스타카트는 코로나 팬더믹을 거치면서 체인 수가 60% 이상 증가했고, 아마존에 이어 전 세계 두 번째로 식료품 및 잡화를 배달했다. 엄청난 성공이었다.

하지만 인스타카트가 확실하게 자리를 잡지 않은 상황에서 눈을 다른 쪽으로 돌리고 있는 사이, 위협을 느낀 아마존이 대대적인 반격에 나서고 있다. 2019년 인스타카트의 가장 큰 파트너였던 홀푸즈(Whole Foods)를 인수하면서 대대적인 반격에 나선 아마존은 이제 18개 도시

에서 식료품 및 잡화를 배달하면서 인스타카트 견제에 들어갔다.

우버 역시 음식 배달업체인 포스트메이츠((Postmates)를 인수했다. 또 다른 음식배달업체인 도어대시(Doordash) 역시 2018년에 월마트의 식료품 및 잡화배송을 시작하는 등 경쟁사들의 움직임도 만만치 않다.

인스타카트는 뛰어난 기술력과 신뢰를 바탕으로 승승장구한 기업이다. 이 점은 인스타카트의 가장 큰 장점이기도 하지만 또한 최대 약점이다. 즉, 앞으로의 기술적 진보에 제대로 대응하지 못하거나 고객의 신뢰를 저버릴 경우, 인스타카트의 미래는 보장받지 못한다는 것이다. 최근 인스트카트는 광고 사업에도 진출하는 등 사업 다각화에도 나서고 있다.

최근 AI 기반 쇼핑카트 및 결제기술 플랫폼 스타트업인 케이퍼 AI(Caper AI)를 3억5,000만 달러에 인수했다. 케이퍼AI는 첨단 AI 기반 쇼핑카트와 온라인 및 오프라인 쇼핑을 통합해 자동계산대를 개발해 쇼핑문화를 완전히 바꾸는 비즈니스 모델을 선보인 혁신 기업이

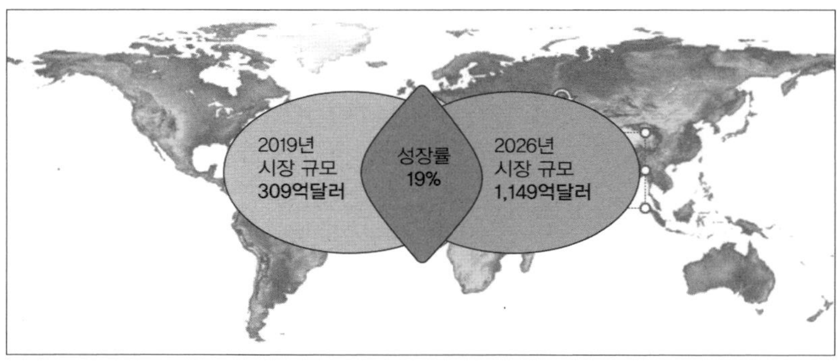

북미지역 온라인 식료품 거래 시장 전망 _출처: Facts & Factors

다. 이 회사 시스템을 이용할 경우 쇼핑 이용자들은 과일이나 야채 같은 품목을 스캔하거나 무게를 재지 않고 카트에 넣고 바로 결제까지 가능하도록 했다. 계산대 앞에서 줄을 서서 대기하는 모습이 사라지게 되는 것이다. 케이퍼AI를 인수한 배경에는 자사 플랫폼에 등재된 기업들을 효율적으로 지원하는 한편 식료품 매장을 위한 결제 솔루션을 확보하기 위한 것이다.

인스타카트가 향후에도 고성장을 이어갈지는 미지수다. 인스타카트를 위협하는 경쟁사들의 압박이 점차 수위를 높여가고 있으며, 고객 취향도 언제든 바뀔 수 있기 때문이다. 더욱이 코로나 팬더믹 영향으로 단기간 급성장에 따른 진통도 예상할 수 있다.

평 점

서비스 능력 및 기술력	: ★★★★☆
제품과 서비스의 혁신성	: ★★★☆☆
향후 시장성 및 성장성	: ★★★☆☆
Leadership	: ★★★★☆

Comment

아마존 등 경쟁사의 막강한 공세를 이겨낼 내공이 쌓이기에는 연륜이 짧은 게 흠

데이터브릭스 Databric 14

혁신적 기술로 데이터 민주화 이끈다

- 2013년 미국에서 UC버클리대 출신 알리 고드시 등이 설립
- 데이터분석 툴의 양대 산맥
- 2020년 4억 달러 이상 매출과 300여 개 이상 기업에서 사용
- www.databricks.com

데이터브릭스(Databricks)는 오픈소스 소프트웨어인 아파치(Apache) 제작자였던 알리 고드시(Ali Ghodsi) 등이 2013년에 설립한 기업용 소프트웨어 전문기업이다. UC버클리대학에 있는 빅데이터 연구조직인 AMP 랩에서 연구를 진행하던 교수와 학생들이 그 잠재력을 믿고 의기투합해 설립했다.

이 회사는 2021년 초에 10억 달러 규모의 대형 투자를 받아 세간의 주목을 받았다. 데이터브릭스는 오늘날 가장 인기 있는 데이터 분석 플랫폼인 아파치 스파크(Apache Spark)라는 오픈소스 기반의 개발 툴을 개발하면서 개발자들에게 금세 인기를 끌었다. 아파치 스파크는 전문가들 사이에 편리한 사용법과 빠른 속도로 인정받으면서 발표된 지 얼마 안 돼 많은 사용자를 확보했다. 짧은 기간 동안 데이터브릭스의 고객은 300여개 기업으로 늘어났다.

빅데이터 시대에서 사용자들이 가장 곤란을 느끼는 것은 원천 데이터(Raw Data)를 어떻게 분석하고 이를 업무에 적용하느냐로 귀결된다. 오픈 소프트웨어 분야에서 명성을 떨치고 있는 하둡(Haddoop)의 제품이 대용량 데이터를 처리하는 기술로 월드클래스 반열에 오른 제품이라면, 아파치 스파크는 실시간으로 데이터 처리와 분석을 하는 기술로 하둡과 자웅을 겨루는 분석 도구다. 때문에 양 기술은 오늘날 빅데이터 시대에 가장 유용하게 사용되는 제품이라 할 수 있다.

다만, 데이터브릭스의 아파치 스파크는 최근에 등장하는 신기술들, 가령 인공지능이나 사물인터넷 등 실시간 데이터들이 많이 등장하면서 그 활용도가 조금 더 폭넓게 사용되고 있다는 점이 특징이다. 가령 바이오 기업인 리제네론(Regeneron Pharmaceuticals)은 데이터브릭스의 분석 기술을 활용해 유전정보와 환자 정보를 분석해, 특정 질병을 치료할 수 있는 유전자 정보를 찾아 약품을 개발하고 있다.

제조업체에서는 데이터브릭스의 기술을 이용해 고장 여부를 예측해 사전에 예방하기도 한다. 분석 기술을 활용할 수 있는 범위가 넓어지면서 데이터브릭스의 제품은 전 업종으로 확대되고 있다.

아파치 스파크는 출시된 이후 꾸준하게 고객을 확보하면서 2021년 4억 달러의 매출을 거뒀으며 기업가치는 오픈 소스 소프트웨어 업계로는 드물게 380억 달러에 이른다.

데이터브릭스는 끊임없는 기술 개발로 새로운 시장을 선도하는 중이다. 데이터브릭스는 데이터 레이크(Data Lake), AI머신러닝 관리 등의 다양한 솔루션을 발표했다. 최근 레이크 하우스(Lake House)라는 새로운 플랫폼을 소개했는데, 이 기술은 데이터웨어하우스(Datawarehouse)와 데이터 레이크의 장점을 모아놓은 기술이다. 최근 들어 기업마다 AI 관련 영역이 늘어나면서 '레이크 하우스'의 활용도는 넓어지는 추세이다. 때문에 데이터브릭스는 이 기술이 새로운 성장동력이 될 것으로 판단하고 있다.

이와 함께, 데이터브릭스는 레이크 하우스의 기술을 더 보강하기 위해 최근 독일의 스타트업을 인수하기도 했다. 8080 Labs라는 이 스타트업은 코드가 아닌 몇 번의 클릭만으로 데이터 탐색 및 변환을 가능하게 하는 데이터 사이언스 툴(Data Science Tool)을 만드는 업체이다.

데이터브릭스는 이 기술을 레이크하우스 플랫폼에 통합시켜서 로코드, 노코드(Low Code, No Code) 공간으로 확장한다는 전략이다. 이를 통해 데이터브릭스가 추구하는 데이터의 민주화(Democratization of Data)를 통해 기업에서 AI 기술 활용도를 포괄적으로 수행할 수 있을

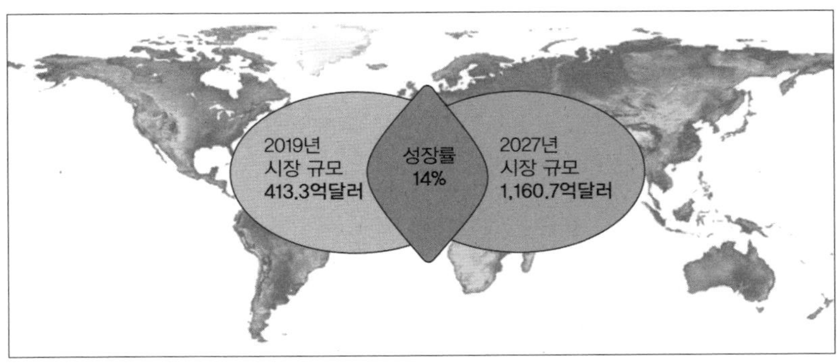

전 세계 빅데이터 기술 시장 전망 _출처: Fortune Business Insights

것으로 기대하고 있다.

데이터웨어하우스와 데이터 레이크의 장점을 살린 데이터브릭스의 야심작인 레이크하우스가 '21세기 석유'라는 데이터 시장의 혁신을 불러올지는 두고봐야 할 것이다.

한편 데이터브릭스는 국내 시장에도 진출했는데, 2021년 12월에 메가존클라우드를 통해 국내 시장에 레이크하우스 플랫폼을 공급하고 있다.

평 점

서비스 능력 및 기술력	: ★★★★☆
제품과 서비스의 혁신성	: ★★★☆☆
향후 시장성 및 성장성	: ★★★☆☆
Leadership	: ★★★☆☆

Comment

데이터 민주화라는 가치, 오픈소스 소프트웨어의 확장력, 강력한 고객 기반

웨이모 Waymo 15

완벽한 무인 자동차 시대 연다

- 2009년 구글 자회사로 출범
- 자율주행차 개발
- 57억 달러 투자 유치, 2020년 매출액 10억 달러
- waymo.com

앞으로의 세상은 미지수다. 무엇이 문제를 일으킬지는 아무도 알 수 없다. 세상을 이롭게 할 의제들은 너무 많다. 천재들은 그 의제를 주목한다.

자율주행차도 바로 세상을 변혁시킬 중요한 의제다. 컨설팅 기업 KPMG에 따르면 세계 자율주행차 시장은 2035년 1조 달러를 넘어설 것으로 전망했으며, 시장조사기관 IDC 역시 자율주행차 시장이 2025년 이후 100만대 내외로 증가할 것으로 전망했다. 바로 이같은 전망을 반영하듯 구글의 자회사 웨이모(Waymo)는 100억 달러 이상을 투자했고, 50억 달러 이상을 투자한 GM의 자회사 크루즈(Cruze)는 약 30억 달러 이상을 추가 투자할 예정이라고 한다.

구글의 보스 래리 페이지(Larry Page)와 세르게이 브린(Sergey Brin)은 미래 혁신 아이템으로 무인 자동차를 택했다. 웨이모는 바로 구글의

성장 엔진이다. 웨이모는 태생부터 금수저인 셈이다.

웨이모는 자동차 혁명, 그것도 무인 자동차 시대를 상징하는 대표 기업을 목표로 한다. 구글 쇼퍼(Google chauffeur)라는 소프트웨어를 이용해 이미 시범 서비스를 실시하고 있다. 완전한 무인 자동차의 구현. 사람의 도움 없이도 자율적으로 운행하는 차가 다니는 시대. 이게 웨이모가 꿈꾸는 미래 세상이다. 하지만 이 단계까지는 많고 많은 장애물을 뛰어넘어야 한다. 현실적으로 기술적으로도 쉽지 않은 게 무인 자동차다.

웨이모는 웨이모 드라이버(Waymo Driver)라는 자율주행 소프트웨어를 개발하며, 10년 이상 미국 대도시를 중심으로 자율주행 기술 개발에 박차를 가하고 있다. 레이다, 라이다, 카메라 등의 고성능 센서와 머신러닝(Machine Learning) 기반 소프트웨어 등으로 구성되어 있으며, 완전한 자율주행 기술 개발을 목표로 하고 있다.

무인 자율주행차 개발은 단순히 자동차 산업에만 국한된 게 아니다. 무인 자동차가 상용화된다면 그 파급 효과는 엄청날 것으로 예측된다. 기본적으로 자동차 산업의 세대교체가 불가피하다. 여행 및 관광, 레저산업도 지각변동이 일어날 것이다.

그렇다면 웨이모의 무인 자동차 수준은 어디까지 왔는가? 일단 쉽지 않다. 세계 무인 자동차 업계 중 웨이모가 기술적으로 완성도가 가장 높다는 평가지만 아직까지 갈 길은 멀다. 웨이모의 무인 자동차를 향한 기술 개발은 아직 결실을 보지 못했다.

그럼에도 미래 무인 자동차 시대를 주도할 선두 기업이 웨이모라는 데는 변함이 없다. 웨이모는 현존하는 무인 자동차 업체 중 가장 기술력이 탁월한 업체로 평가받는다. 거기다 구글의 전폭적 지원을 받고 있다.

무인 자율주행차가 몰고 올 미래는 무인 자동차에 그치는 게 아니라 무인 택시, 무인 항공 분야까지 가능한 시대가 오고 있다는 것을 의미한다. 무인 자동차가 본격적으로 상용화되는 시기가 온다면 전 산업의 지각변동은 불가피할 전망이다. 단순히 자동차 산업에 끼치는 영향뿐 아니라 여타 산업에 미치는 파급력은 대단할 전망이다. 하지만 여전히 무인 자동차 기술의 상용화는 여전히 힘든 상황이다. 대도시가 아니라 지방의 한적한 도로에서나 무인 자동차 운행이 가능하다는 비관론도 많다. 하지만 많은 전문가들은 도심에서 본격적인 자율주행차가 선보일 날도 얼마 남지 않았다고 낙관적 전망을 내놓는다.

웨이모는 지난 2020년 10월에 애리조나에서 무인 택시 서비스를 시

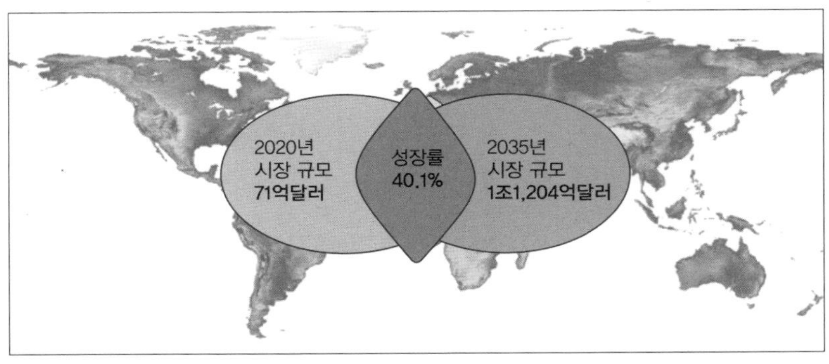

세계 자율주행차 시장 전망 _출처: KPMG

작했다. 2021년 8월에는 샌프란시스코에서 무인 택시 서비스를 시작해 호평을 받았다. 2021년 11월에 미국에서 가장 복잡한 번화가인 뉴욕 맨해튼에 본격적인 무인 택시 서비스를 시작했다. 지금은 자율주행 테스트가 목적이 아닌 자율주행 테스트를 위한 데이터 수집이 목적이지만, 웨이모는 이번 성과를 기반으로 완전한 무인 자동차 개발에 한 발 더 앞서간다는 방침이다.

하지만 여전히 웨이모의 앞날에 의문을 제기하는 비판도 많다. 그것은 기술적인 문제에 그치는 것뿐만 아니다. 안전을 최우선시하는 자동차 특성상 장애물을 인식하는 세밀한 기술요소는 개발을 더디게 만든다.

기술적으로 완성된다 하더라도 사회적인 제도, 규범 등이 무인 자동차 환경에 맞게 새롭게 적용해야 한다. 무인자동차가 사고를 냈을 경우 그 책임은 누구 소재인지 등등 해결과제들이 많은 게 현실이다.

평 점

서비스 능력 및 기술력	: ★★☆☆☆
제품과 서비스의 혁신성	: ★★★★☆
향후 시장성 및 성장성	: ★★★★☆
Leadership	: ★★★★☆

Comment

무인자동차는 미래를 바꿀 혁명적 기술, 하지만 완성까지는 여전히 머나먼 길

차임 Chime 16

금융 앱 돌풍, 디지털 네오 뱅크 지향

- 미국 샌프란시스코에서 설립
- 디지털 뱅킹 서비스
- 35세 이상 고액 자산가가 주 고객
- www.chime.com

금융권을 둘러싼 변화의 조짐은 바야흐로 폭풍전야다. 밀레니얼(MZ) 세대가 새로운 잠재고객으로 떠오른 데다. AI와 머신러닝, 빅데이터 등과 같은 신기술들이 금융산업에 일대 지각변동을 일으키고 있다. 여기에다 모바일 뱅킹이 대세로 떠오르면서 그동안 금융권을 둘러싼 각종 규제들도 사라지는 형국이다.

기존의 대형 금융사들도 새롭게 변화의 흐름에 동참하는 모습을 보이지만 기존의 경영 형태를 크게 벗어나지 못하고 있다. 여전히 기존 금융 관행에 익숙한 패턴을 보이고 있다. 몸집이 큰 만큼 변화의 흐름을 제대로 따라가기란 쉽지 않다.

가트너는 2030년까지 현재 은행의 80%가 폐업하거나 다른 금융권에 흡수될 것이란 충격적인 보고서를 내기도 했다. 전통적 방식의 금융거래에 의존하던 금융권의 올드 패션(Old Fashion)은 사라지고 있다.

이 자리를 새롭게 등장하는 디지털 금융사들이 다크호스로 부상하고 있는 게 최근 금융권의 큰 흐름이다.

이들 디지털 뱅킹 스타트업들은 종전의 은행들이 대면 지점에 의존했다 치면, 비대면 디지털 채널 지점을 통해 뉴채널 영업을 하고, SNS 등 다양한 비 정형 데이터 등을 통해 대출금리를 결정하는 등의 신개념 서비스로 무장하고 있다.

차임(Chime)은 바로 새로운 디지털 뱅크의 주역으로 부상한 스타트업이다. 샌프란시스코에 본사를 둔 차임은 2018년 고객 수가 100만 명에 불과했으나 1년여인 2019년 9월에 500만 명 이상의 고객을 확보했다.

2013년도 설립된 차임은 수수료가 무료인 파격적인 조건의 사용자 친화적인 금융 앱을 제공하면서 성장을 거듭했다. 차임 앱은 수익을 올릴 수 있는 직불카드와 자동저축 계좌를 제공한다.

차임의 새로운 모바일 앱은 새롭고 독특한 기능 덕택으로 세련된 앱이란 평가를 받으면서 젊은 세대는 물론 부유층 고객까지 끌어모았다. 차임을 통해 계좌를 개설하는 시간은 평균 15분 정도로 경쟁사보다 훨씬 빠르다. 차임은 계좌 이체 시 수수료가 무료인 점을 내세우면서 빠르게 성장했다. 차임의 고객은 35세 이상의 고액 자산가가 많다. NPS프리즘에서 실시한 고객 충성도 평가(다른 사람에게 해당 제품이나 서비스를 권고하는 지표)에서 차임은 업계 최고 수준을 보여준다.

특히 코로나 팬더믹으로 비대면 금융 시장이 커지면서 디지털 뱅킹의 선두주자인 차임의 몸값도 수직 상승했다. 이 회사는 2021년 9월에 150억 달러에서 2021년 말에는 250억 달러로 가치가 100억 달러 이상 높아졌다.

2020년에는 전년에 비해 거래량과 수익이 3배 이상 증가했다. 차임은 2021년 상반기에 미국 내에서 가장 많이 다운로드 받은 뱅킹 앱으로 선정됐는데, 이 기간 동안 640만 건의 다운 기록을 갖고 있다. 2위인 커렌트(Current)가 270만 건, 3위 바로(Varo)가 195만 건으로 2, 3위 업체의 다운로드 건수를 합쳐도 차임에 못 미친다. 차임의 미국 내 디지털 뱅킹 시장의 입지를 짐작게 한다.

차임은 최근에 보험상품을 출시하면서 인슈어테크 시장에도 진출했다. 차임의 웹사이트를 통해 다양한 보험회사를 소개하고 이에 대한 광고비를 받는 형식을 취한다는 비즈니스 모델을 내세운다.

차임의 사업확장은 사실상 예견된 상황이다. 250억 달러라는 몸값을 더 올리기 위해선 여타 금융 시장으로 확장이 필수이기 때문이다.

하지만 차임과 같은 디지털 뱅킹 업체들이 계속해서 승승장구할지

순위	기업명	다운로드 건수	순위	기업명	다운로드 수
1	Chime	640만건	6	Dave	180만건
2	Current	270만건	7	MoneyLion	85만4천건
3	Varo	195만건	8	Oxygen	35만4천건
4	Step	194만건	9	Simple	21만4천건
5	Albert	190만건	10	N26	17만2천건

2021년 상반기 미국 내 디지털 뱅킹 앱 다운로드 설치 건수 _출처: apptopia

는 여전히 미지수다. 디지털 뱅킹 기반의 네오뱅크(Neo Bank)들은 온라인 지점이란 새로운 채널 방식과 저 마진의 예금 계좌를 통해 화려하게 성공가도를 달렸지만, 결국 이는 수익을 내기 쉽지 않다는 본질적인 문제를 안고 있다.

디지털 뱅크들은 수익을 확보하기 위해 사업 전반을 수익성 있는 상품으로 전환하기 위한 시도를 하고 있다. 이게 성공할지는 여전히 미지수다. 더욱이 코로나 팬더믹 상황 때문에 이른 시간에 많은 고객을 끌어모았지만, 코로나 상황이 종료됐을 경우, 고객들이 계속해서 디지털 뱅크를 찾을지는 알 수 없기 때문이다.

그럼에도 차임은 일단 초기 안착에는 성공했다는 평이다. 한번 흐름을 탄 이상, 고객들이 웬만해서는 바꾸지 않을 것이란 점도 차임의 향후 전망을 밝게 한다.

평 점

서비스 능력 및 기술력	: ★★★☆☆
제품과 서비스의 혁신성	: ★★★☆☆
향후 시장성 및 성장성	: ★★★★☆
Leadership	: ★★★☆☆

Comment

세련된 앱, 젊은 고액 자산가, 전략적인 시장대응. 코로나 이후도 유지할 수 있을 것인가

바이주스 BYJU's 17

서비스 차별화로 도약한 최고 몸값 에듀테크 기업

- 2011년 인도에서 설립
- 에듀테크 서비스
- 설립 10년 만에 유료 사용자 650만 명 확보
- byjus.com

인도에서 창립한 바이주스(BYJU's)는 설립 10년 만에 전 세계에서 가장 비싼 에듀테크 서비스 기술업체로 도약했다. 또한 바이주스는 인도가 배출한 가장 몸값이 비싼 스타트업이기도 하다.

에듀테크(Edutech)란 교육(Education)과 기술(Technology)의 합성어로, 기존의 온라인 교육과 달리 AI와 빅데이터, 증강현실(AR)과 가상현실(VR), 로봇 등의 최신 기술을 교육 분야에 접목한 진일보한 교육 서비스를 말한다.

코로나 19 상황을 거치면서 얼굴을 마주 보고 대면 수업을 하던 방식에서 탈피해 지금은 비대면 방식의 교육 기법이 발전하는 추세이다. 최신의 기술을 교육 분야에 접목함으로써 마치 학교나 학원에 가서 수업하던 방식과 유사한 교육 효과를 거두게 되는 게 에듀테크 서비스의 핵심이라 할 수 있다.

때문에 2010년대 들어 에듀테크 서비스는 주요 국가마다 중요한 미래 과제로 삼고 대대적인 투자를 펼치고 있다. 특히 스타트업들의 이색적인 아이디어들은 시장 확산에 중요한 역할을 하고 있는데, 에듀테크 서비스 분야에서는 다른 분야와 달리 수많은 스타트업들이 출현하고 있다.

이같은 상황에서 인도 출신의 에듀테크 기업이 세계적인 기업으로 발돋움하게 된 것은 남들이 시도하지 않았던 첨단 서비스를 제공하기 때문이다.

2011년 바이주(Byju)가 설립한 바이주스는 12살 이하 학생을 위한 온라인 비디오 기반의 학습 프로그램을 제공하는 서비스를 시작했다. 회사는 날로 성공을 거두었고, 주요 컨설팅 회사에서 선정한 가장 빨리 성장한 기업으로 꼽히기도 했다. 2015년 러닝 앱을 출시한 데 이어 2017년에는 어린이용 수학학습용 앱을 잇달아 출시하면서 선풍적인 인기를 끌었다.

바이주스의 장점은 컴퓨터 비전(Computer Vision) 기술을 이용해 실시간으로 피드백해줌으로서 어린이들의 학습 동기를 유발한다는 점이다. 또한, 교육열이 높은 아시아권에서 초중 과정에 있는 어린이와 학부모들에게 사용하기 편리하면서도 일대일 대응이 가능한 교육 서비스를 제공한 게 인기비결이었다.

특히 바이주스는 자사의 에듀테크 서비스의 핵심이라 할 수 있는 머신러닝과 컴퓨터 비전 기술의 수준을 높이기 위한 연구 개발에도 막

대한 투자를 단행해 기술력에서도 탄탄한 기반을 쌓고 있다.

이같은 성공에 힘입어 바이주스는 현재 전 세계 시장에서 1억 명 이상의 사용자를 확보했을 뿐 아니라 유료 사용자도 650만 명을 넘어섰다. 2019년 90만 명에 불과했던 유료 사용자가 2년 만에 7배 이상 늘어난 것이다. 이에 따라 바이주스의 매출도 고공행진 중인데, 2020년에 미국에서만 1억 달러 이상의 매출을 기록했으며, 2021년에는 10억 달러를 넘어설 전망이다.

바이주스의 사업 확장은 거침이 없다. 바이주스는 2021년 7월에 미국에서 디즈니 캐릭터를 적용한 어린이용 교육 앱인 러닝 앱과 매직 워크북스를 내놓았다. 2021년 말에 영국에 인공지능 연구실을 설립했는데, 이곳은 바이주스의 유럽 공략의 거점이 될 것이라 강조했다.

바이주스는 코로나19가 앱이나 또는 비디오, 증강현실을 통한 디지털 교육을 촉진시키는 촉매제가 될 것이라 판단하고 있다.

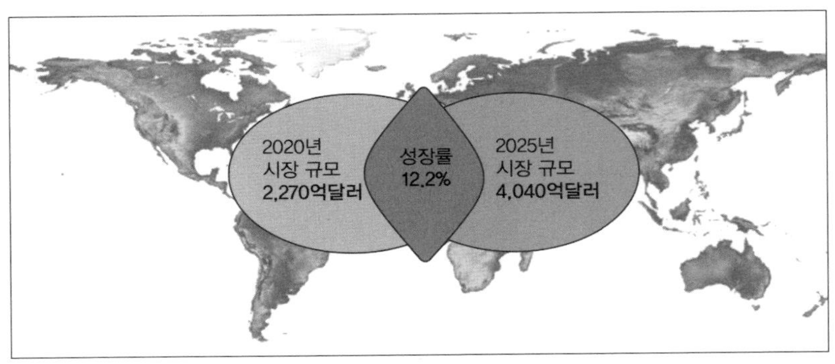

전 세계 에듀테크(Edutech) 시장 전망 _출처: Holon IQ

지역확장뿐 아니라 바이주스는 교육 분야의 확대도 꾀하고 있는데, 이를 위해 코딩 전문 온라인 플랫폼 업체인 화이트햇을 인수했다. 수학과 과학 분야를 벗어나 다양한 학습영역으로 확대한다는 전략의 일환이다.

평 점

서비스 능력 및 기술력	: ★★★☆☆
제품과 서비스의 혁신성	: ★★☆☆☆
향후 시장성 및 성장성	: ★★★★☆
Leadership	: ★★★☆☆

Comment

비대면 교육 서비스는 이제 필수, 최대 시장인 북미, 유럽에서 통할지는 두고 볼 일

그랩 Grab 18

공유 서비스 시장 성공에 힘입어 핀테크 시장 진출

- 2012년 말레이시아 출신 앤서니 탄이 설립
- 차량공유, 자전거 공유, 화물 공유 등의 서비스 제공
- 동남아시아 8개국에 서비스, 동남아시아 스타트업 중 가장 높은 기업가치
- www.grab.com

동남아시아 국가를 대상으로 차량공유 서비스를 제공하는 그랩(Grab)은 2012년 싱가포르에서 앤서니 탄((Anthony Tan)이 설립한 공유경제 기업으로, '동남아시아판 우버'라고 할 수 있다.

하버드 비즈니스 스쿨에 재직하던 말레이시아 출신 앤서니 탄이 설립한 이 회사는 2013년에 말레이시아에서 처음 서비스를 시작한 이후 2016년 본사를 싱가포르로 옮기고 현재는 그랩으로 브랜드명을 통합했다.

창업 동기가 이채롭다. 앤서니 탄은 외국인 친구가 말레이시아를 방문했을 때 택시 잡기도 어렵고 요금도 바가지라는 말을 듣고 아이디어를 얻었다. 이용자에게 좀 더 편리한 서비스를 시작하고자 하는 생각에서 출발했다는 것.

현재 그랩에서 제공되는 서비스는 자동차 공유서비스인 '그랩카', 자

전거 타는 게 일상인 동남아시아 자전거 시장을 대상으로 한 '그랩바이크', 소형 화물배달 서비스인 '그랩익스프레스' 등이다.

그랩이란 명칭으로 서비스 시작한 지 채 5년에 불과하지만, 동남아시아 출신 스타트업으로는 가장 높은 몸값을 자랑한다. 2021년 그랩의 기업가치는 143억 달러에 달한다. 현재 인도네시아, 태국 등 8개 국가 351개 도시에 6억5,000만 명을 대상으로 서비스를 하고 있으며, 매출도 가파르게 늘고 있다.

비록 우버가 먼저 동남아 시장에 진출했지만, 그랩은 철저한 현지화 전략으로 우버를 단숨에 제치고 동남아에서 가장 성공한 차량공유 서비스 업체로 도약했다.

동남아시아 시장에서 그랩의 점유율은 우버의 3배에 달한다. 결국, 우버도 두 손 들 수밖에 없었고 2018년에 동남아 영업권을 그랩에 넘기게 된다. 완벽한 그랩의 승리였다.

그랩의 성공비결에는 동남아시아만의 특색을 살린 서비스가 핵심이다. 가령 그랩이 오토바이 배달서비스를 제공하고 예약시스템을 통해 택시기사들의 소득을 보장한 것은 해당 국가의 교통 문화를 반영한 전략이다. 거기다 우리나라와 달리 싱가포르 등의 동남아 국가에서 차량 공유서비스에 대한 규제는 거의 없는 편이다. 신기술을 도입해 적용하는 데 있어서 관련 법규가 이를 규제하는 경우는 많지 않다는 것이다.

그랩의 벤처캐피털인 그랩벤처스(Grab Ventures) 대표를 맡고 있는 크리스 여(Chris Yeo)는 그랩의 성공 요인을 실행력과 소통, 집중력이라고 밝혔다. 특히 그는 소통이 가장 중요하다는 점을 강조했다.

그랩이 소형화물 배달서비스를 시작했을 때 이륜차 주인들이 불만을 가지고 시위한 적이 있다. 그랩 경영진은 이들을 한자리에 모아 그들의 얘기를 듣고 그랩의 장기 비전을 공유함으로써 그들의 목소리를 진정시킬 수 있었다.

그랩은 공유 모빌리티의 성공을 기반으로 핀테크 사업에도 진출했다. 그랩의 결제서비스인 그랩페이(Grab Pay)는 현찰이나 신용카드가 없더라도 바로 결제가 가능하다. 여기에 한발 더 나아가 그랩은 그랩파이낸셜그룹(GFG)을 설립하고 금융 플랫폼 사업에도 진출 중이다. 여기에 소프트뱅크가 3조 원 넘는 돈을 투자한다고 발표하는 등 그랩의 핀테크 사업은 초기부터 날개를 달았다.

그랩은 고객으로부터 얻은 데이터를 적절하게 활용해 이를 토대로

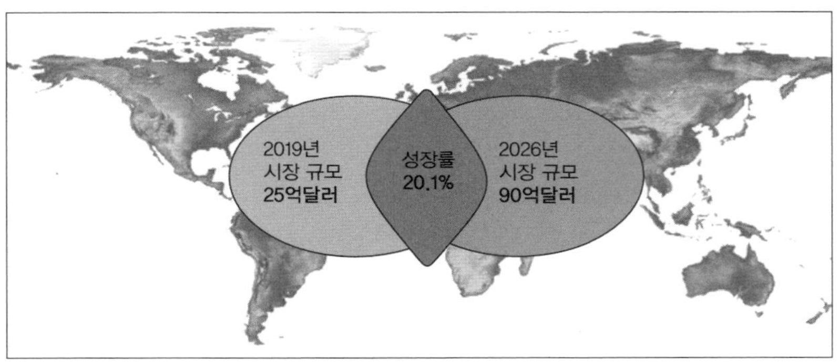

전 세계 차량공유서비스 시장 전망 _출처: Global Market Insights

사업을 확장했으며, 공유서비스와 연계된 핀테크 사업에서도 나름의 성공 기반을 다지고 있다.

그랩이 비록 동남아시아 시장에서 성공가도를 달리고 있다지만, 역시 한계는 있다. 즉, 글로벌 진출은 제약조건이 많다는 것이다. 동남아시아 시장에서의 그랩의 사업 모델은 그들의 요구를 적절히 수용하면서 조화롭게 사업을 이끌어 올 수 있었다. 하지만, 여타 지역으로 진출은 현실적으로 쉽지 않다. 더욱이 경쟁자들의 도전도 만만치 않다.

평 점

서비스 능력 및 기술력 : ★★★★☆
제품과 서비스의 혁신성 : ★★★☆☆
향후 시장성 및 성장성 : ★★★☆☆
Leadership : ★★★★☆

Comment

동남아시아 차량공유 서비스 시장의 맹주, 뛰어난 리더십과 국가별 현지화 전략의 요체

얀덱스 Yandex 19

러시아 대표 디지털 기업, 전방위로 사업 확장

- 1997년 러시아에서 설립
- 검색엔진, 자율주행차, 배달서비스, 클라우드
- 2019년 2조6천억 원 매출
- www.yandex.ru

러시아는 '디지털 불모지'라는 평가를 받는 나라다. 과거 냉전 시대만 해도 미국과 모든 영역에서 일대일 대결 구도를 띨 정도로 강대국이었지만, 연방 해체 이후에는 과학기술 정보통신 분야는 큰 발전을 거두지 못했다. 그러다 보니, 경쟁국들이 디지털 분야에서 한발 앞서 나갈 때 러시아는 주목을 받지 못했다. 특히 미국은 물론이거니와 중국과도 격차가 벌어지는 형국이다.

러시아가 디지털 분야에서 우위를 갖지 못하는 요인은 여러 가지로 해석된다. 그중에서는 정부의 강력한 규제 및 통제 정책도 한 몫한다. 물론 푸틴이라는 강력한 지도자가 있어 다른 선진국과 달리 정책 추진 속도는 빠를지 모르지만, 디지털 혁신은 규제에서 자유로운 사회에서 훨씬 더 많은 성과를 낼 가능성이 크다. 또한, 러시아는 천연자원이 풍부한 나라로 디지털에 대한 주목도도 낮은 편이다.

보유 중인 아날로그 자원만으로는 충분히 디지털 환경에 대응할 수 있다는 생각도 가진 듯 하다.

하지만 최근 들어 러시아도 변하고 있다. 디지털 혁신전략을 내세우면서 디지털 기업 육성에 속도를 내고 있다.

2023년부터 IT 기업에 대한 법인세율을 현행 20%에서 3%까지 낮추는 등 디지털 기업 육성에 적극 나서는 중이다.

러시아의 대표적 디지털 기업 얀덱스(Yandex)는 설립된 지 25년 된 기업이면서 미국 NASDAQ에 상장된 대표 기업이다. 특히 얀덱스는 러시아 검색 시장에서 부동의 '넘버 원' 자리를 유지하고 있다. 러시아 검색 서비스 시장에서 얀덱스의 점유율은 60% 이상이다.

세계 시장 점유율도 4위권에 포진해 있다. 얀덱스는 검색엔진 시장에서 성공을 거둔 이후 자율주행, 배달서비스, 이커머스 등 4차산업혁명 관련 시장에 문어발식 확장을 꾀하고 있다.

모빌리티 사업과 관련해 얀덱스는 우버와 합작회사를 설립해 택시 호출 사업에 진출했는데, 현재 점유율이 60% 가까이 차지한다. 또한, 얀덱스 마켓(Yandex Market)을 통해 온라인 쇼핑 사업에도 진출했으며, 얀덱스 이츠(Yandex Eats)를 통해 음식배달 서비스, 얀덱스 라브카(Yandex Lavka)를 통한 슈퍼 배달, 얀덱스 딜리버리(Yandex Delivery) 통한 물류 서비스 시장에도 발을 담궜다. 단순히 시장에 참여하는 수준을 넘어서 시장을 독점하는 수준까지 영향력은 크다.

얀덱스는 자사가 개발한 무인배송 로봇인 로버(Rover)를 미국, 한국과 이스라엘에 순차적으로 시범서비스에 나선다는 계획도 발표한 바 있다. 특히 미국의 그럽허브(Grubhub)와 제휴를 맺고 미국 대학 캠퍼스에 시범적으로 음식배달 로봇 서비스를 시작했다. 음식배달 서비스와 관련해서는 2021년 4월에 프랑스 식료품 배달서비스 시장에 참여한 것을 비롯해 영국 런던 등 유럽 시장 공략에도 나설 계획이다.

게다가 현대자동차와 공동으로 자율주행차 개발에도 나서고 있는 얀덱스는 모스크바에서 무인택시 서비스인 로보택시를 운영 중이다.

얀덱스의 사업확장은 클라우드 분야에도 손길이 미치고 있다. 얀덱스는 클라우드 관련 서비스를 발표하고 유럽 시장 진출을 선언한 상태이다. 이 외에도 얀덱스는 컴퓨터 제조공장을 설립한 것을 비롯해 자체 음성인식 개인비서 서비스인 알리사를 탑재한 안드로이드 기반의 스마트폰 제조에도 나서고 있다.

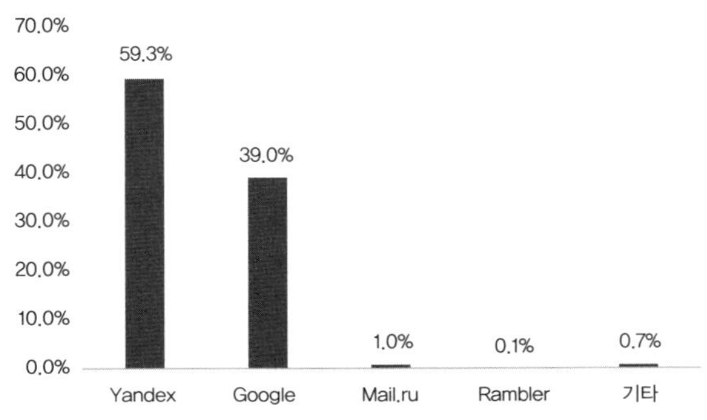

러시아 검색엔진 시장 점유율(2021. 3Q) _출처: Statista

얀덱스의 사업확장은 분야를 가리지 않고 광범위하게 펼쳐져 있다. 특히 자율주행차 등 특정 분야에서는 이미 세계적인 기업 반열에 진입했다는 평가를 받는다.

하지만 이같은 고공행진이 지속될 지는 변수가 많다. 일단 러시아 정부의 규제가 가장 큰 변수이며 두 번째는 독과점에 따른 세계 각국의 강화된 조치, 최근 러시아와 유럽을 둘러싼 우크라이나 분쟁 등 정치적 요인까지 맞물려 있기 때문이다.

얀덱스의 문어발식 사업 확대가 성과를 거둘지는 여전히 미지수다.

평 점

서비스 능력 및 기술력	: ★★★☆☆
제품과 서비스의 혁신성	: ★★★☆☆
향후 시장성 및 성장성	: ★★★★☆
Leadership	: ★★☆☆☆

Comment

러시아산 디지털 기업의 약진은 거칠 것이 없지만 정치적 이슈가 걸림돌

DJI이노베이션 DJI Innovations 20

맞춤형 현지화 전략으로 전 세계 드론 시장 70% 점유

- 2006년 중국에서 설립
- 드론 등 무인 항공 및 배달 분야
- 설립 15년 만에 미국 내 상업용 드론 시장에서 76% 점유
- www.dji.com

2006년 중국에서 설립된 DJI이노베이션(DJI Innovations)은 드론 시장에서 가장 성공한 기업으로 평가받는다. 이 회사는 상업용 및 오락용 로봇기술을 개발하는 기업이다. 현재 북미나 유럽, 아시아에 진출해 있으며, 100개 국가 이상 소비자들이 DJI이노베이션 제품을 사용하고 있다.

이 회사의 제품은 영화, 건설, 검사, 자연보호, 소방 및 농업 등 여러 산업 분야에 사용된다. DJI는 무인 항공 분야에서 저렴한 비용으로 세계 시장을 공략하고 있다. 드론 시장도 매년 엄청난 규모로 커지고 있다.

드론의 활용 분야는 점차 넓어지고 있다. 이제 주변에서 드론을 사용하는 것은 흔한 일이 됐으며, 배달 분야에서도 드론을 활용하는 사례도 속속 등장하고 있다.

드론 시장이 커지면서 이 분야의 최강자인 DJI사의 몸값도 더욱 커지고 있다. DJI의 드론 점유율은 전 세계 시장의 70%를 장악하는 것으로 조사됐다. 특히 창업자인 프랭크 왕(Frank Wang)은 드론이 향후 세계 시장의 흐름을 바꾸어 놓을 것이라고 예측, 초기부터 막대한 기술 투자를 통해 DJI를 드론 최강자로 탈바꿈했다. 물론 여기에는 중국 당국의 전폭적인 지지도 한몫했다.

프랭크 왕은 중국의 '스티브 잡스'라고 일컬을 정도로 명성이 자자한 인물이다. 그는 MIT와 스탠퍼드에 지원했다 낙방한 후 홍콩과기대에서 전자공학을 전공한 엔지니어 출신이다. 2005년 홍콩에서 개최된 로봇 경진대회에서 1등을 할 정도로 로봇기술 분야에서 탁월한 전문가다. 졸업 후 그는 200만 홍콩달러를 들여 중국 선전시에 DJI를 설립했다.

DJI는 설립 후 해외 시장을 주 무대로 삼아 전 세계 시장을 빠르게 파고들었다. 결과는 대성공이었다. 현재 DJI 매출의 80%는 해외 시장에서 거두고 있다. 이같은 성공 이면에는 우선 경쟁자가 없었다는 것이 첫 손에 꼽힌다.

일찌감치 드론 시장의 성장 가능성을 낙관한 프랭크 왕은 기술 집약 도시인 선전시에 창업함으로써 거미줄 같은 협력 네트워크를 통해 소비자 요구에 빠르게 대응할 수 있었다.

이미 선전시에는 중국 전체 드론업체의 70%가 몰려 있을 정도로 '드론의 메카'로 자리 잡을 정도다. 또한, 프랭크 왕은 기술 완벽주의자로 통한다. 중국산은 '싸고 조악하다'라는 이미지를 탈피하기 위해 그는 기술력만큼은 세계 최고를 지향했다.

DJI가 세계 시장에서 호평을 받은 이유는 바로 최고를 추구하는 그의 리더십이 만들어낸 결과물이다. 전체 직원의 30%를 연구 개발 인력으로 채용해 끊임없는 연구 개발에 매진한 것도 지속적인 리더십을 갖는 요인이 됐다.

DJI는 설립 15년 만에 유례가 없을 정도로 세계 시장을 장악한 중국 기업으로 정평이 나 있다. 그만큼 탈 중국적인 색깔을 유지하고 해당 국가의 환경에 맞는 로컬 마케팅 전략을 펼쳤기에 가능한 결과다.

문제는 이제부터다. 미국과 중국의 통상 마찰이 심해지면서 미국 내에서 중국산 불매 분위기와 함께 안보문제를 걸고 중국 제품에 제동을 걸기 시작하면서 중국의 세계 시장 진출은 위기를 맞고 있다.

더욱이 한국을 비롯해 드론 후발주자들의 공세도 더욱 거세다.

DJI가 사실 그동안 승승장구할 수 있었던 배경에는 드론을 그다지

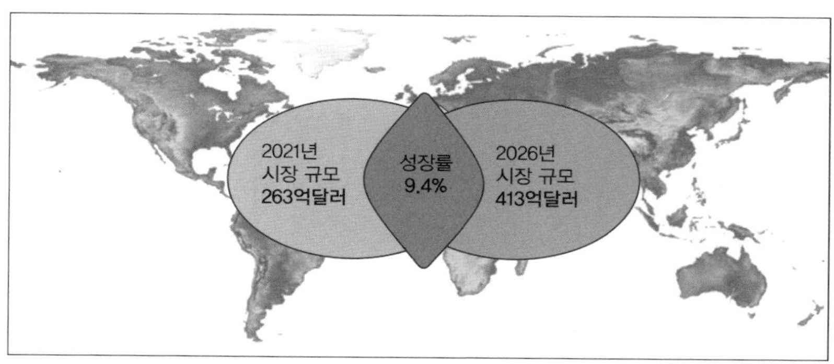

전 세계 드론 시장 전망 _출처: 드로니

큰 시장으로 여기지 않은 것도 한 요인이다.

하지만 코로나로 배달 분야에서 드론 활용이 넓어지고, 장차 드론 또는 무인항공 등 모빌리티 시장이 장기적으로 유망해질 것이란 전망이 널리 퍼지면서 주요 기업들의 드론 시장 진출이 잇따르고 있다.

DJI 앞에 만만찮은 도전들이 놓여있음을 보여준다.

평 점

서비스 능력 및 기술력	: ★★★★☆
제품과 서비스의 혁신성	: ★★★☆☆
향후 시장성 및 성장성	: ★★★☆☆
Leadership	: ★★★★☆

Comment

드론 시장은 그동안 DJI 등 중국기업들간의 경쟁이었지만, 정치적 요인 등은 향후 DJI 사업 전개에 어떤 식으로든 영향을 미칠 것

고퍼프 goPuff 21

축적된 노하우와 첨단 IT시스템, 배달 시장 평정

- 영국 런던에서 2013년 설립
- 소비재 및 음식배달 서비스
- 500개의 주문센터를 통해 미국 내 650개 도시에서 서비스
- gopuff.com

미국 필라델피아에 본사를 둔 고퍼프(goPuff)는 한국판 '쿠팡'이다. 2013년 영국 런던에서 설립된 고퍼프는 미국과 영국 등지에서 배달서비스를 제공하고 있다. 배달하는 종류도 처방전이 필요 없는 의약품에서부터 아기들이 먹는 이유식과 아이스크림, 주류까지 다양하다.

이 회사의 창업자는 영국 드렉셀대학교 출신의 라파엘 일리세이브(Rafael Ilishayev)와 야키 골라(Yakir Gola) 등이다. 고객들에게 편의 제품을 제때 편리하게 제공한다는 목표 아래 설립된 고퍼프는 설립 8년 만에 기업가치가 150억 달러까지 상승했다.

미국은 한국과 달리 코로나 팬더믹 전에는 생필품을 배달해주는 서비스가 그렇게 보편화되지 않았다. 배달요금도 비쌌다. 대부분 미국인은 생필품을 사려면 직접 차를 타고 스토어에 가서 제품을 구매하는 번거로움을 감수해야 한다.

고퍼프는 이 점에 착안해 사업을 시작했다. 거기다 코로나가 발생하면서 생필품 배달은 이제 미국 사회에서도 흔한 서비스로 자리매김하게 됐다.

업계에서는 고퍼프가 아마존 등과의 경쟁에서 나름 차별화 포인트로 성장할 수 있었던 배경에 주목하고 있다. 고퍼프의 전략은 어찌 보면 단순하다. '고객이 원하는 제품을 제때 배달해준다'라는 기본원칙을 고수하기 때문이다.

최근에는 '주문 30분 내 배송'을 지향하고 있다. 하루 1.95달러만 지불하면 여러 가지 식료품과 생필품을 집 앞까지 배달해준다. 거기다 24시간 풀 가동하는 시스템으로 소비자 최우선 정책을 내세우고 있다.

여기에는 고퍼프의 위치기반 재고관리시스템(Location based Inventory Management System)의 역할이 한몫한다. 고퍼프 서비스의 핵심인 위치기반 재고관리 시스템은 소비자가 주문을 할 경우, 가장 빠른 시간내에 배달할 수 있는 지점을 찾아 적기에 고객에게 전달하는 시스템으로, 많은 배달 전문업체들이 벤치마킹하고 있다.

하지만 고퍼프의 이러한 경쟁력은 이미 수년간 누적된 노하우가 결합된 시스템으로 단순한 벤치마킹만으로 따라하기 힘들다. 고퍼프의 배달 경쟁력은 첨단 IT기술을 활용한 시스템적인 지원과 함께 수년간 다져진 배달 노하우가 결합돼 빠른 속도로 고객을 늘려나가고 있다.

이러한 고퍼프의 사업확장은 분야별로 확대되고 있는데, 주요 업체와 제휴를 맺는다든지 인수 전략을 통해 나타나고 있다. 고퍼프는 우버이츠(Uber Eats)라는 회사와 제휴를 맺고 배달서비스를 진행하고 있다. 즉, 우버이츠 앱을 통해 소비자가 제품을 주문하면 고퍼프의 물류망을 통해 제품을 제시간에 고객에게 배달해준다. 이를 위해 고퍼프는 도시 여러 곳에 다크스토어(Dark Store)라는 일종의 편의점 창고를 운영 중이다. 다크스토어는 주로 임대료가 싼 지역에 위치하기 때문에 수익성도 좋다. 매출의 5~10%가 수익으로 남는다.

이 뿐만이 아니다. 직접 주류 판매에도 나섰는데 이를 위해 주류회사인 베브모(BevMo)를 인수하는 등 판매 물품도 확대하고 있다. 또한, 고퍼프는 영국에서는 팬시(Fancy)라는 스타트업을 인수해 유럽 배달시장에도 본격적으로 발을 들여놓고 있다. 고퍼프는 팬시가 유럽 공략의 거점이 될 것이란 판단하에 빠르게 배달 지역을 넓혀가고 있다.

고퍼프의 강점은 무엇보다 직접 편의 제품을 매입해서 재고를 운영하는 데 있다. 때문에 배달 수수료는 물론이고 제품 판매로도 수익을

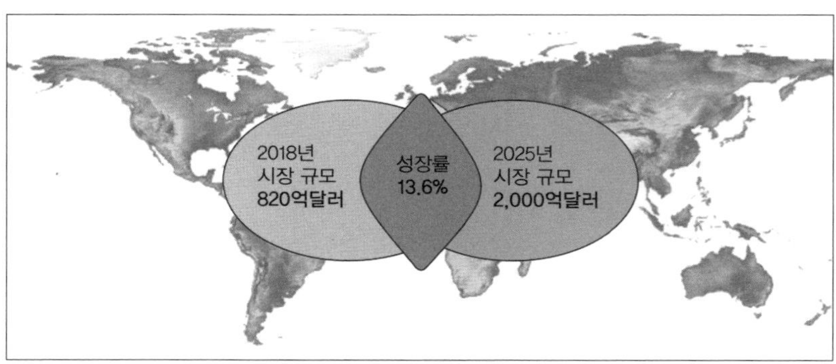

전 세계 온라인 배달서비스 시장 전망 _출처: Frost & Sullivan

거두고 있다. 수수료와 제품 판매 등 2가지 축에서 수익을 올림으로써 고퍼프의 수익은 경쟁사들보다 높은 편이다.

고퍼프의 배달서비스는 이제 미국을 넘어 유럽지역으로 그 범위를 넓혀가고 있다. 팬시를 인수하면서 거점을 마련한 고퍼프는 이를 통해 영국은 물론 프랑스, 스페인 등지에 40여 개의 사업센터와 200여 명의 인력을 채용할 방침이다.

고퍼프는 미국 시장에서 이미 검증받은 비즈니스 모델이니만큼 유럽 시장에서도 충분히 경쟁력이 있을 것으로 판단하고 있다. 고퍼프의 유럽 공략(Invasion Europe)이 어느 정도의 성과를 거둘지 귀추가 주목된다.

평 점

서비스 능력 및 기술력	: ★★★★☆
제품과 서비스의 혁신성	: ★★★☆☆
향후 시장성 및 성장성	: ★★★★☆
Leadership	: ★★★★☆

Comment

드론 배달, 맞춤형 배달, 빠른 배송. 배달서비스 시장을 둘러싼 신기술과 차별화된 경쟁 틈바구니에서 고퍼프의 선택적 전략은 중요할 것

디보티드헬스 Devoted Health 22

가성비 높은 메디케어 프로그램, 헬스케어 시장 주도

- 2017년 미국에서 설립
- 디지털 헬스케어 서비스
- 4개 주에서 4만여 명에게 디지털 헬스케어 서비스 제공
- www.devoted.com

디지털 헬스케어(Digital Healthcare) 시장이 주목받으면서 디지털 기반의 헬스케어 서비스를 제공하는 스타트업들이 우후죽순 등장하고 있다.

디지털 헬스케어 서비스란 각종 IT 기기를 통해 사람들에게 건강 및 의료 서비스를 제공하는 것을 의미한다. 일반적으로 일반 의료 시장은 환자가 치료를 목적으로 의료기관에서 사후 처방을 받는 게 핵심이라면 디지털 헬스케어 서비스는 질병이 생길 것을 예상해 평소에 의료 관리 서비스를 통해 예방하는 목적이 크다.

한국에서는 의료 서비스 영역이 공공이 담당하는 영역이 대부분이다. 하지만 일부 선진국에서는 의료 서비스가 민간 영역이 주관인 경우가 많아 아프면 치료하는 데는 막대한 비용을 감수해야 한다. 때문에 국가적으로도 의료비용을 줄이는 것은 중요한 문제다. 그래서 디

지털 헬스케어 서비스는 선진국에서 많이 보편화된 서비스이고, 이에 따라 많은 디지털 헬스케어 기업들이 등장하게 된 배경이다.

미국에서 설립된 디보티드헬스(Devoted Health)도 이같은 트렌드에 맞춰 설립된 회사다. 2017년 토드 팍(Todd Park)과 에드 팍(Ed Park) 형제가 설립한 디보티드헬스는 고령층이 많은 미국 내 인구구성에 맞춰 노인층을 대상으로 한 디지털 기반의 의료 서비스를 차별화 포인트로 두고 있다.

미국은 사보험 체제라 의료수가가 높은 나라 중 하나이다. 미국 시장에서 의료보험 수가를 낮추는 혁신 디지털 헬스케어 기업들의 태동이 다른 나라보다 더 활발한 이유다. 디보티드헬스는 직접 건강보험을 제공하면서 디지털 헬스 시장의 강자로 부상했다.

디보티드헬스의 '차세대 메디케어 어드밴티지 프로그램'(Medicare Advantage Program)은 저렴한 비용으로 고품질의 서비스를 제공하는 디지털 헬스케어 서비스의 활용을 가장 극대화했다는 내외의 평가를 받고 있다. 2018년 서비스를 제공하기 시작했는데 보스턴에서 시작해 마이애미, 팜비치 등을 포함한 플로리다 8개 카운티에 관련 서비스를 제공하고 있다.

메디케에 어드밴티지 플랜서비스를 이용하게 되면 여러 가지 개인 건강 가이드가 질의하는 것에 답하거나 전화로 자문한다. 플랜회원이 되면 무료로 피트니스 수업을 받게 하거나 스마트 워치를 활용한 체중감량 프로그램을 제공받고, 목표를 달성하면 150달러를 환급받을 수 있다.

무엇보다 개인 건강 가이드가 이용자별로 건강상태를 일일이 체크하는 한편 필요한 경우 원격진료도 받을 수 있다. 사전에 충분한 예방서비스를 통해 이용자들은 적절한 조언과 치료를 받을 수 있다는 게 디보티드헬스의 건강관리 프로그램의 가장 큰 장점이다.

장기적으로 치료에 드는 국가 비용을 줄여줌으로써, 국가 재정에도 기여할 수 있다는 장점 때문에 디보티드헬스의 기업가치는 전 세계 디지털 헬스케어 스타트업 가운데 가장 높은 126억 달러에 달한다.

디보티드헬스의 강점은 의료 데이터 분석을 통한 맞춤형 의료 정보 제공에 있다. 디보티드헬스가 제공하는 메디케어 어드밴티지 보험 상품을 통해 의료 서비스가 필요한 노인들에게 디지털 기반의 다양한 헬스케어 서비스를 제공함으로써 의료 질을 높여준다. 평소 관리가 필요한 노인들에게 병원에게 가지 않고도 하이테크 기반으로 다양하고도 높은 품질의 서비스를 제공하는 메디케어 서비스의 일환이다.

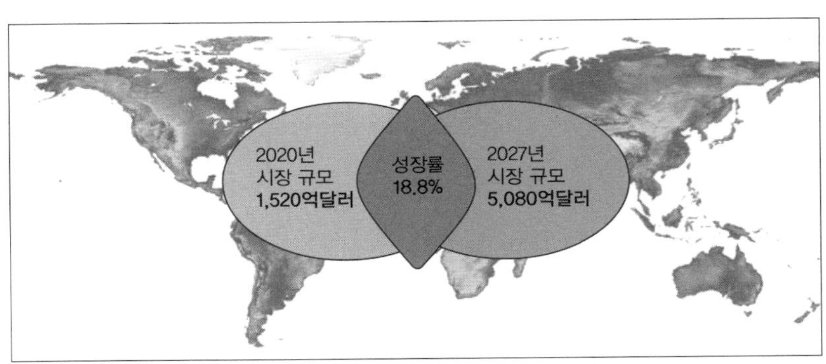

전 세계 디지털 헬스케어 시장 전망 _출처: 한국바이오협회

현재 미국에서 디지털 기반의 헬스케어 서비스는 전체 의료 시장의 1/3을 담당할 정도로 성장 폭이 빠르게 커지고 있으며, 이 수치는 2028년까지 42% 증가할 것으로 기대하고 있다.

미국 메사추세츠에 본사가 있는 디보티브헬스는 현재 4개 주에서 약 4만여 명의 노인들에게 의료 서비스를 제공하고 있는데, 2020년 상반기보다 2배 이상 늘어난 수치다. 하지만 대다수 디지털 헬스케어 업체들이 그렇듯이 디보티드헬스도 수익성이 불투명한 게 사실이다.

2021년 상반기에 2억5,000만 달러 매출을 거뒀지만 2,700만 달러 손실을 기록 중이다.

평 점

서비스 능력 및 기술력	: ★★★☆☆
제품과 서비스의 혁신성	: ★★★☆☆
향후 시장성 및 성장성	: ★★★☆☆
Leadership	: ★★★☆☆

Comment

건강비용 매년 폭발적 증가, 노인세대 공략, 나라별 각기 다른 정책 극복 과제

레딧 Reddit 23

모든 이용자의 평등 자유 보장한 신개념 커뮤니티 지향

- 2005년 미국에서 설립
- 쌍방향 커뮤니티 사이트
- 누적투자금액 13억 달러
- www.redditinc.com

포챈(4chan)과 쌍벽을 이루는 커뮤니티 사이트인 레딧(Reddit)은 미국의 소셜 뉴스를 집계하고, 웹 콘텐츠 등급을 매기는 한편 각종 현안에 관해 토론하는 쌍방향 커뮤니케이션 사이트를 지향한다.

레딧 이용자가 다양한 주제에 글을 등록하면 다른 이용자들이 업(Up Vote)이나 다운(Down Vote) 등으로 글을 평가해 순위를 매기고 이를 주제별로 배치하거나 메인 페이지에 공유하는 서비스로 주목을 끌었다.

원래 출발은 2005년 미국 버지니아대 출신의 애런 스워츠(Aaron Swartz)와 함께 룸메이트인 스티브 허프먼(Steve Huffman), 알렉시스 오하니안(Alexis Ohanian)이 설립했다.

레딧 사이트에 등록된 회원은 링크나, 문자 게시물, 이미지, 동영상 등의 콘텐츠를 사이트에 업로드한다.

업로드한 콘텐츠에 대해 투표가 이루어지면, 투표 순위에 따라 게시물 상위에 위치한다. 주제도 다양하다. 뉴스, 정치, 종교 등의 민감한 주제부터 과학, 영화, 비디오 게임, 음악, 책 등 엔터테인먼트 이슈까지 다양한 영역을 다룬다.

레딧의 운영 규칙은 누구의 통제도 없이 자율적으로 운영된다는 점. 레딧 운영진은 법적인 한계를 벗어난 주제에 대해서만 제한을 둔다.

주제 자체가 다양하고, 상호 활발한 토론이 이루어지다 보니 방문객들이 해마다 늘고 있다.

웹사이트 평가 기관인 알렉사(Alexa)에 따르면 레딧은 2021년 기준으로 세계에서 19번째로 많이 방문한 웹사이트이다. 이용자의 절반 정도가 미국인들이며, 나머지는 전 세계 이용자들이다.

주제 자체가 다양하다 보니 미국 성인의 15% 정도는 정기적으로 레딧을 방문해 정보를 얻는다.

레딧은 자유로운 의견을 폭넓게 개진할 수 있으며, 재미있는 글이나 정보에 대해 사용자 추천 등을 통해 점수를 매겨 노출 정도를 결정한다. 때문에 훌륭한 정보도 자주 올라오지만 때로는 수위가 높은 정보도 올라온다. 점수 조작 논란이 종종 제기되지만 그래도 비교적 객관적으로 충분히 의미 있다고 싶은 정보들이 상위권에 포진해 있다.

민주주의 국가에서 자유로운 의사를 발현한다는 취지에 공감한 사용자들이 전 세계에서 수많은 자유로운 글을 올리면서 사용자가 늘어나 이제는 강력한 커뮤니티를 구축하게 됐다. 이 사이트는 매일 5,000만 명의 이용자들이 방문하고 있으며 10만 명의 서브 레딧(Sub Reddit)이 활동하고 있다.

이처럼 레딧의 영향력은 갈수록 높아지고 있는데, 미국에서 광고단가가 제일 비싸다는 슈퍼볼 광고를 따내기도 했다.

2021년에는 월가 헤지펀드들이 게임스톱과 AMC 등 주가 하락에 베팅하는 공매도를 진행하자, 레딧 주식투자 방에서 이에 반발하는 투자 운동을 벌여 주가를 100~200배 이상 급등시켜 헤지펀드를 굴복시키기도 했다. 영향력이 갈수록 커지면서 레딧의 몸값도 치솟고 있다.

현재 레딧의 시장가치는 100억 달러에 이른다. 몸값만 놓고 본다면 전 세계 스타트업 가운데 20위권에 들 정도로 시장성과 성장성을 평가받고 있다.

레딧은 최근 이더리움 기반의 커뮤니티 포인트 보상서비스를 확대하기 위해 신규 웹사이트를 만들었다.

높은 점수를 획득한 이용자에게 이더리움 네트워크를 이용한 커뮤니티 포인트를 제공받을 수 있는 서비스다.

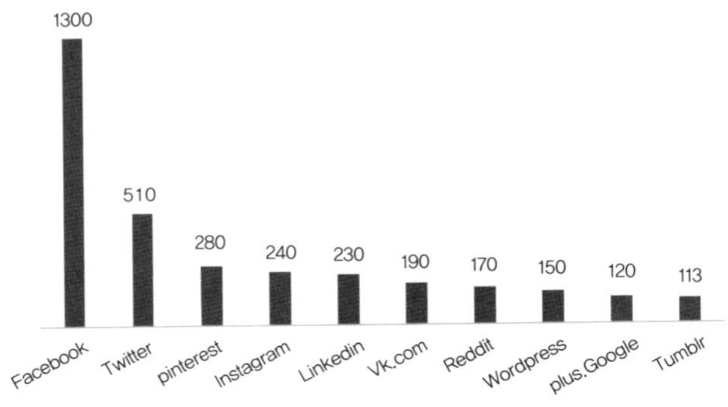

2022년 Top 10 온라인 커뮤니티 순방문자수 순위(단위: 백만 명)_ 출처: Aelieve

이 서비스는 레딧에 대한 이용자들의 충성도를 더욱 공고히 해줄 것으로 기대하고 있다. 현재 레딧은 2022년 상장을 계획하고 있다.

평 점

서비스 능력 및 기술력	: ★★★☆☆
제품과 서비스의 혁신성	: ★★★☆☆
향후 시장성 및 성장성	: ★★★☆☆
Leadership	: ★★★★☆

Comment

자유로운 주제 선정, 객관적인 평가, 내 글의 영향력을 한눈에

피그마 Figma 24

협업과 참여라는 혁신 키워드, 디자인은 곧 Figma

- 2016년 미국에서 설립
- 협업 디자인 툴 서비스
- 누적투자금액 3억3,300만 달러
- www.figma.com

그래픽 디자이너 툴에서 어도비의 아성은 여전히 견고하다. 하지만 최근 들어 다양한 UI(User Interface), GUI(Graphical User Interface) 디자인 프로그램들이 출시되면서 새로운 강자들이 탄생하고 있다.

그중의 하나인 피그마(Figma)는 강력한 디자인 툴을 개발한 스타트업체이다.

피그마 제품은 협업 플랫폼 기능 외에 리소스 관리라든지 다양한 기능들은 그래픽 디자이너들에게 새로운 선택이 되고 있다.

특히 클라우드 기반의 툴로서 여러 명이 동시에 사용할 수 있다는 점, 개발코드를 실시간으로 확인할 수 있어서 개발자와 함께 사용하기 편리하다는 이점을 제공한다.

일반적으로 디자이너와 개발자의 요구가 다르기 때문에 이 둘의 간극을 좁히는 것은 기존 툴로서는 쉬운 일이 아니다. 하지만 피그마는 이런 갭을 메꾸는 탁월한 기능을 지원한다.

피그마는 공동으로 제품을 만드는 디자인 플랫폼으로, 협업 기능이 우수하다. 피그마는 더 우수한 디자인을 더 빠르게 만들고, 테스트할 수 있다. 또한, 동일한 페이지에 여러 사람이 공동으로 작업을 수행하면서 창의적인 아이디어를 반영할 수 있도록 지원한다. 피그마의 탁월한 협업 기능은 이미 에어앤비, 슬랙이나 MS 등의 고객사들을 확보하면서 명성이 자자하다.

미국의 명문 브라운대 출신의 딜란 필드(Dylan Field)가 2016년 설립한 피그마는 첫번째 디자인 툴인 피그마에 이어 온라인 화이트보드(White Board) 세션도구인 피그잼(Figzam)을 발표했다.

피그잼은 초기 아이디어를 도표화 하거나 플로우 챠트(Flow Chart)를 만드는 툴이다. 여기에 팀원들간의 채팅이 가능한 오디오 기능도 추가했다. 특히 기업 내에서 자유로운 아이디어 회의(Brain Storming)를 하는 경우 피그잼은 유용한 공유 수단이 된다.

피그마는 2021년 '혁신적인 클라우드 100대 기업'에서 7위에 선정될 정도로 이미 그 제품의 명성은 대내외적으로 인정받고 있다.

미국 대통령 선거 당시 조 바이든 캠프는 홍보영상을 피그마를 통해 처리했으며, 소비재 제조회사인 킴벌리클락은 2020년 코로나 쇼크로 사재기 현상이 벌어져 화장지가 동났을 때 피그마를 이용해 재주문 양식을 작성하기도 했다.

피그마의 2021년 매출액은 2020년 7,500만 달러보다 2배 이상 성장할 것으로 전망된다. 피그마 사용자는 전 세계적으로 수백만 명에 이른다. 피그마의 기업가치는 이제 100억달러에 육박한다.

설립자 딜란 필드는 그의 야심을 다음과 같이 요약한다. '워드 프로세싱 분야에 Google Docs가, 코드 분야에 GitHub가 존재하는 것처럼 피그마는 바로 디자인이다'.

경제 전반에 걸쳐 디지털화가 급진전하면서 피그마의 가치는 더 높아질 것이라 장담한다. 피그마는 모바일 앱을 개선하기 위해 신생 스타트업을 인수하는 한편 사용자들의 불만 사항을 실시간으로 체크한다. 딜란 필드는 SNS를 통해 고객의 목소리를 직접 듣고 제품에 반영하기 위한 쌍방향 소통에도 적극적이라고 강조한다.

피그마는 지금 미국 시장을 넘어서 글로벌 시장에도 새롭게 도전장을 내밀었다. 피그마의 제품은 기존 제품에 '협업과 참여'라는 혁신 키

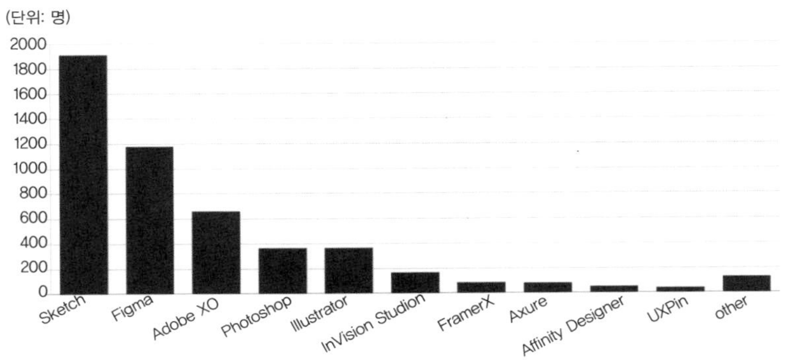

전 세계 UI Design Tools 사용자 현황(전 세계 3,000여명 디자이너 대상)
_출처: 2019, uxtools Survey

워드를 집어넣었다.

사용자는 기하급수적으로 증가 중이다. 이미 한국에서도 피그마는 디자이너들에게 훌륭한 선택이 되고 있다. 글로벌 시장에 이제 본격 도전장을 내민 피그마의 도전은 지금부터 시작이다.

평 점

서비스 능력 및 기술력	: ★★★★☆
제품과 서비스의 혁신성	: ★★★☆☆
향후 시장성 및 성장성	: ★★★★☆
Leadership	: ★★★★☆

Comment

UI에 협업을 가미한 혁신의 결과, 글로벌 시장 도전장

구스토 Gusto 25

인적관리 혁신 주도, 중소 시장으로 영토 확장

- 2012년 미국에서 설립
- 인적자원관리(HR) SW 개발 및 공급
- 누적투자금액 6억9천1백만 달러
- gusto.com

코로나 팬더믹은 기업의 업무 환경을 아날로그에서 디지털로 전환하는 촉매제 역할을 하고 있다. 코로나 팬더믹을 긍정적으로 해석하자면, 어정쩡하던 디지털 전환으로의 속도를 가속화시켰다.

디지털 전환은 이제 선택이 아닌 필수가 되고 있다. 디지털 전환은 단순히 기업 내부 업무, 가령 인사, 회계, 재고, 물류, 제조, 생산 등의 업무에만 국한돼 있지 않다.

고객과의 의사소통이나 협력업체와의 공동작업, 구매 조달 영역까지 디지털 프로세스는 확장 중이다. 디지털 전환을 지원하는 기업들이 주목받는 것은 당연한 현상이다.

코로나 팬더믹 초기 많은 중소기업은 실적 악화에 시달렸다. 실적 부진에 빠지자 기업들은 실무를 지원하는 스탭기능의 역할들을 축소했다. 인사업무가 대표적이다. 당장 회사 존폐가 걸려있는데, 굳이 비싼 비용을 들여서 인사업무를 혁신한다는 게 별 도움이 안 된다는 판단에서다.

하지만 코로나 팬더믹이 일정 수준 진행되면서 기업들은 다시금 자사의 내부 프로세스를 점검했고, 오히려 불황기일수록 인력적인 측면에 더 신경 써야 한다는 생각을 갖게 됐다.

이제 기업들은 전보다 더 많은 리소스를 들여 인력관리에 신경 쓰고 있다. HR(Human Resource) 기업들에게는 호시절인 셈이다. 거기다 최근 확실한 대세로 자리 잡는 클라우드 인프라와 결합된 시장은 더욱 매력적이다.

구스토(Gusto)는 바로 클라우드 기반의 인력관리(HR) 전문 소프트웨어 기업이다. 2012년 미국에서 설립된 구스토는 클라우드 기반의 급여 및 복리후생, 인적자원 관리 SW를 제공하는 기업이다. 또한, 고객회사의 세금이나 노동 및 이민법을 준수하는데 필요한 서류작업도 전자적으로 처리하는 기업으로서 미국 50개 주에서 운영 중이다.

구스토는 인력관리 소프트웨어와 서비스를 공급하는 기업이지만, 회사 자체가 인력관리를 잘하기로 소문이 나 있다.

글로벌 인력평가 전문기관인 글래스도어(Glassdoor)에서 구스토는 'MZ세대가 가장 일하기 좋은 100대 기업'으로 선정된 것이 좋은 예다.

구스토는 HR 전문기업으로서 디지털 기술을 이용해 직원들의 업무경험을 극대화하고 이를 경영성과에 반영하는데 탁월하다. 반복적이고 루틴한 업무는 정보통신기술로 자동화하고, 인사담당자는 HR 본질에 집중할 수 있다. 과거 인사부서는 채용, 승진 등의 기본적인 업무만을 수행하는 지원부서란 인식이 강했다.

하지만 시대가 변하면서 인사부서 고유의 역할이 부각되고 있는 것이다. 직원들의 경험을 데이터베이스화하고, 노하우를 지식 자산화해 이를 업무에 반영하는 한편 공정하고 타당한 인사 조처와 보상을 함으로써 불필요한 인력 유출을 방지한다. 직원 개개인의 성과를 단순히 계량화된 즉, 실적만으로 평가하던 종전의 인사 관행은 이제 의미가 없게 된 것이다.

구스토는 2022년에 기업공개를 목전에 두고 있다. 이미 기업가치 평가에서도 성장성을 높게 평가받아 100억 달러에 이른다. 『포브스』(Forbes)지가 선정한 클라우드 기업 평가에서 전체 25위를 차지하기도 했다.

자체 HR 프로그램을 운영하는 대기업과 달리 여전히 중소기업은

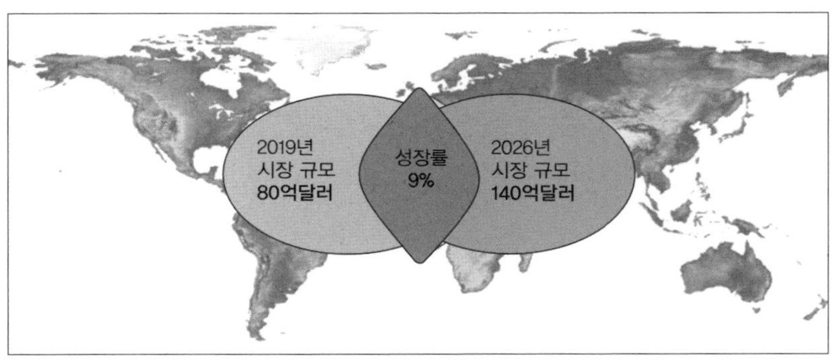

전 세계 HR(Human Resource) SW 시장 전망 _출처: DATAINTELO

HR 부문의 사각지대다. 구스토로서는 여전히 미개척지인 중소기업 시장에서 사업 규모를 확장할 수 있는 발판을 마련 중이다. 하지만 일부에선 HR 시장 자체가 이미 포화상태라, 일정수준 이상의 고객을 확보한 변곡점을 거치면서 성장률은 답보상태가 될 수도 있다고 경고한다.

구스토는 소프트웨어의 기능 개선과 향상을 통해 성장의 모멘텀을 계속 가져가야 한다는 기로에 서 있다.

평 점

서비스 능력 및 기술력	: ★★★☆☆
제품과 서비스의 혁신성	: ★★★☆☆
향후 시장성 및 성장성	: ★★★☆☆
Leadership	: ★★★☆☆

Comment

코로나 팬더믹으로 인력관리 중요성이 커지고 HR SW 수요도 더욱 확산될 전망

토크데스크 Talkdesk 26

포르투갈이 배출한 AI 기반의 컨택센터 강자

- 2011년 포르투갈에서 설립
- 클라우드 기반의 컨택센터 SW 개발 및 공급
- 누적투자금액 4억9,000만 달러
- www.talkdesk.com

콜센터 시장이 코로나 팬더믹이란 상황 변화와 함께 AI 등 신기술 발달로 새로운 전기를 맞고 있다. 특히 AI콜센터는 음성을 글자로 변환하는 STT(Speech to Text)와 글자를 소리로 변환하는 TTS(Text to Speech), 사람의 말을 이해하는 자연어 이해(NLU: Natural Language Understanding) 기술 등이 결합되면서 비대면 환경에 대응하는 첨단 서비스로 거듭나고 있다.

사실 콜센터는 유통 및 금융업종에서는 필수적인 업무이지만, 해당 업무 자체는 스트레스 강도가 상당히 높은 3D(Difficult, Dirty, Dangerous) 분야 중 하나로 인식됐다.

콜센터 직원이 일일이 고객 응대에 대응하다 보니, 실제 의미 있는 결과로 이어지기 전까지는 상당한 업무량을 요구했다. 때문에 콜센터 업종 종사자들의 이직률도 빈번할 뿐 아니라 노동집약적 산업 구조를 벗어나지 못했다.

더욱이 코로나 여파로 비대면 처리 업무가 많아지면서 콜센터 업무에 대한 요구는 더욱 많아졌다.

클라우드 기반의 콜센터 서비스 제공업체인 토크데스크(Talkdesk)는 기업 대상으로 인공지능과 머신러닝을 기반으로 한 콜센터 관련 소프트웨어를 전문적으로 제공하는 기업이다.

2011년 포르투갈 태생 기술엔지니어 출신인 티아고 파이바(Tiago Paiva)와 크리스티나 폰세카(Cristina Fonseca) 등이 설립했다.

클라우드 기반의 콘택센터 서비스인 CCaaS(Contact Center as a Service) 솔루션은 금융업을 포함해 소매 및 전자상거래, 여행 및 숙박, 공공부문을 대상으로 서비스를 제공하고 있다.

또한, 세일즈포스나 젠데스크(Zendesk), MS 팀즈(Teams) 등 다양한 고객 관리 솔루션과 통합해 활용할 수 있어 시장 대체효과를 누린다.

특히 토크데스크는 CX Cloud를 전략 제품으로 내세우고 있는데, 이 제품은 기업 규모나 역량 수준에 적합한 맞춤형 솔루션을 제공해 기업들이 고객이나 영업환경 변화에 컨택센터 운영을 유연하게 조정할 수 있다. 때문에 비용 절감뿐만 아니라 생산성 향상에도 기여한다. CX Cloud는 인공지능을 기반으로 하는 고객 경험을 비즈니스와 연계시켜 주는 기능 등 100여 개 이상의 원활한 통합 기능을 제공한다. 이미 IBM, 드롭박스, 트리바고 등 2000여 곳의 기업 고객을 확보할 정도로 콜센터 분야에서는 유망한 스타트업으로 자리잡았다. 토크데스크는 포르투갈이 배출한 세 번째 유니콘 기업이기도 하다.

코로나 상황으로 온라인 주문이 폭발적으로 늘어나면서 기업들마다 고객과의 커뮤니케이션을 위해 고객 관리 소프트웨어를 도입하는 수요는 더욱 증가하고 있다.

토크데스크로서는 더할 나위 없는 시장 기회인 셈이다. 특히 가빈(Gavin), 하이다(Haydar)와 맥도날드사에서 토크데스크 SW를 이용한 성공 사례는 토크데스크의 브랜드 입지를 강화하는 좋은 사례로 주목받았다.

토크데스크는 클라우드 기반의 컨택센터 SW 시장을 빠르게 공략하고 있다. 기존 컨택센터 SW를 확장해 기업 맞춤형 인터페이스인 제품과 맞춤형 툴 세트 등을 출시했다. 또한, 금융기관과 의료기관 등 업종별 최적화된 맞춤형 컨택센터 툴을 출시하기도 했다.

토크데스크는 전 세계 300개 이상의 계약 파트너와 협력관계를 구축하고 있으며, 수천 개의 에이전트를 거점삼아 글로벌 시장 공략에도 공을 들이고 있다. 토크데스크는 현재까지 4억9,000만 달러의 투

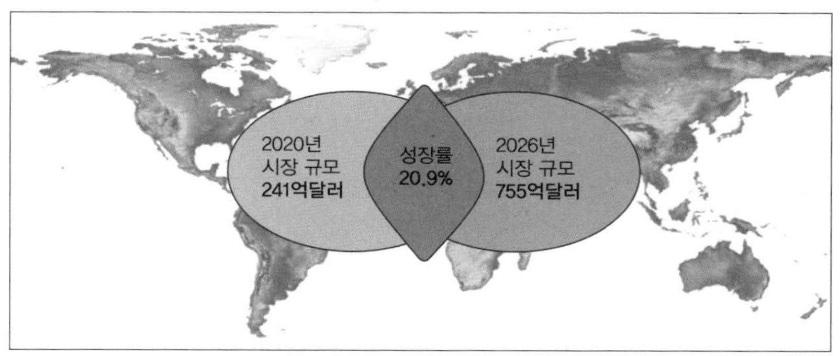

전 세계 컨택센터 SW 시장 전망 _출처: Markets & Markets

자를 유치했으며, 연간 1억1,300만 달러의 매출을 거두고 있다.

디지털 프로세스가 본격화된 기업의 업무 환경에서 대부분 업무는 디지털로 전환되고 있다. 그중에서 고객 관련 업무는 단순히 아날로그를 디지털화하는 수준에 그치는 게 아니라, 아날로그적 감성까지 고려해야 성과를 거둘 수 있다.

비록 컨택센터 비즈니스가 다른 혁신 아이디어에 비해 획기적이지는 않지만 꾸준한 수요로 안정적인 성장을 이어갈 전망이다.

평 점

서비스 능력 및 기술력	: ★★★☆☆
제품과 서비스의 혁신성	: ★★★☆☆
향후 시장성 및 성장성	: ★★★☆☆
Leadership	: ★★★☆☆

Comment

포르투갈에서 탄생한 세번째 유니콘 기업, 컨택센터 시장의 다크호스로 부상

랄라무브 Lalamove 27

맞춤형 서비스로 물류 플랫폼 시장 글로벌화 적극 추진

- 2013년 홍콩에서 설립
- 온라인 물류 서비스 전문기업
- 누적투자금액 25억 달러
- www.lalamove.com

코로나19로 산업 전반에 걸쳐 불황이 지속되고 있지만, 오히려 호황을 구가하는 업종이 있다. 배달서비스나 물류업종이 대표적이다.

코로나 팬더믹으로 온라인 수요가 급증하면서 관련 사업도 커다란 호황을 구가하고 있다.

일반 가정에서부터 기업 고객에 이르기까지 웹기반의 물류 서비스는 팬더믹의 여파로 더욱 수요가 늘고 있다. 전자상거래 업체와 더불어 물류 시장의 향후 전망은 밝다.

랄라무브(Lalamove)도 물류 플랫폼 기반의 대표적인 스타트업으로 시작해 이제는 아시아권을 넘어서 유럽, 미국, 라틴 아메리카 등 20여 개 지역에까지 사업영역을 넓혀가고 있다.

2013년 홍콩에서 설립된 랄라무브는 모바일 앱으로 사용자와 배송기사를 연결하는 배송서비스를 제공한다. 앱 버튼을 한 번만 누르면 간단히 주문할 수 있고, 당일 배송도 가능하다.

이처럼 비즈니스 모델은 단순하다. 하지만 비즈니스 모델이 단순한 만큼 기술적 준비도와 함께 사업 준비가 최적화돼야 성공할 수 있는 사업이기도 하다. 단순하지만 절대 단순하지 않은 비즈니스 모델인 셈이다.

랄라무브는 바로 편리함 신속함, 정확도를 생명으로 하는 물류 서비스에서 발 빠른 전략을 추구했다.

랄라무브는 2020년 9월까지 중국 본토 352개 도시에서 운영 중이다. 전 세계적으로 5만여 명 이상의 배달기사와 70만 명 이상의 기사를 보유하고 있다.

월별 사용자는 720만 명을 넘어섰다. 이 회사의 고객은 다양하게 분포돼 있는데, 개인뿐만 아니라 대규모 전자상거래 업체인 징동닷컴, 정유회사인 시노펙, 소매업체인 세븐일레븐 등의 대형 기업들도 고객으로 확보했다.

기업 고객만 전 세계적으로 5,000여 개사가 넘는다. 코로나 팬더믹에도 불구하고 이 회사의 주문 건 수는 2020년에 50% 이상 폭발적인 증가세를 보였다.

아시아 지역에서 이사할 때 랄라무브 서비스를 이용하는 것은 흔한 모습이다. 특히 랄라무브는 배달 제품의 특성에 맞춰 다양한 차량을 보유 중이다.

음식배달을 할 때는 간편하게 오토바이를 이용할 수 있으며, 규모가 크고 온도에 민감한 상품은 회사가 보유한 냉동 트럭을 사용한다.

특히 기업 고객의 경우 제품 배달을 위해 차량을 새로 구입할 필요가 없다.

랄라무브에 주문만 하면 빠른 배송이 가능한데, 굳이 새 차량을 구매할 필요가 없는 것이다. 더욱이 기업 고객이 기업 확장이나 물류 통합이 필요한 경우 랄라무브는 기업 맞춤형 배달 프로세스를 구현한다.

게다가 랄라무브의 주문형 비즈니스 모델은 사용자가 필요한 만큼 비용을 지불함으로써 불필요한 추가 비용을 줄일 수 있다. 기업은 랄라무브의 멀티스톱(Multi-Stop) 주문기능을 통해 스마트폰으로 현재 위치를 모니터링할 수도 있다.

가장 큰 이점은 배송료가 저렴하다는 장점. 특히 박스 단위로 청구하는 경쟁업체와 달리 랄라무브는 무게로 청구하기 때문에 이삿짐을 운반할 때 효과적인 이동 수단이 된다.

이런 점 때문에 랄라무브의 잠재력은 높게 평가받고 있다. 이미 25

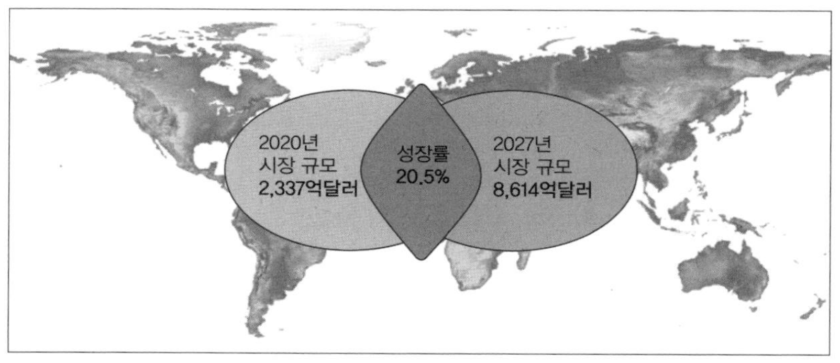

전 세계 e커머스 물류 시장 전망 _출처: Research & Markets

억 달러를 투자받은 랄라무브는 기업공개를 앞두고 있다.

충분한 자금력이 확보된 이상 세계 시장, 특히 미국 시장에서 승부를 보겠다는 계산이다.

코로나 팬더믹의 최대 수혜자인 랄라무브의 거침없는 행보가 언제까지 이어질지 귀추가 주목된다.

평 점

서비스 능력 및 기술력	: ★★★☆☆
제품과 서비스의 혁신성	: ★★★☆☆
향후 시장성 및 성장성	: ★★★★☆
Leadership	: ★★★☆☆

Comment

스마트폰 클릭한번으로 정확한 주문과 빠른 배송은 물론 저렴한 수수료까지

노스볼트 Northvolt 28

차세대 배터리 기술력으로 유럽의 희망 떠올라

- 2016년 스웨덴에서 설립
- 전기차 배터리 개발 및 공급
- 누적투자금액 60억 달러
- northvolt.com

차세대 핵심 시장으로 일컫는 배터리 시장은 흔히들 한 · 중 · 일 경쟁이라고 한다. 전 세계적으로 배터리 시장은 아시아 3개국에 의존하는 비중이 높다. 특히 유럽은 차세대 배터리 시장에서 한 · 중 · 일 흐름에 밀려 좀처럼 힘을 못 쓰는 형국이다. 그런데 스웨덴의 한 배터리 스타트업이 유럽 자동차 산업의 희망으로 부상하고 있다.

2021년 연말 스웨덴 배터리 업체 노스볼트(Northvolt)가 유럽 최초로 리튬이온 배터리 개발에 성공했다는 소식이 주요 경제지 메인 뉴스를 장식했다.

노스볼트가 유럽에서 처음 개발한 리튬이온 배터리는 자체 기술로 설계하고 개발한 첫 작품이었다. 베일에 가려진 노스볼트의 첫 기술력이 드러난 이번 신제품으로 유럽 자동차 업계는 들썩였다.

노스볼트는 2022년부터 상용화에 들어가 수년 내 생산능력을 60기가와트시(GWh)까지 확대할 계획이라는 낙관적 전망을 쏟아냈다. 60 기가와트시(GWh)는 전기차 약 100만 대분의 배터리를 공급할 수 있는 양이다. 이미 노스볼트는 폭스바겐을 비롯해 폴스타, BMW 등과 300억 달러에 달하는 배터리 공급 계약을 체결하기도 했다. 이번 개발은 노스볼트가 테슬라의 대항마가 될 것이란 기대감을 한껏 높여주었다.

2016년 테슬라에서 근무하던 스웨덴 출신 페테르 칼손(Peter Carlsson)이 유럽에도 '테슬라의 기가팩토리'(Tesla Gigafactory) 같은 배터리 회사를 만들겠다는 목표를 세우고 설립한 노스볼트는 현재 유럽에서 가장 뜨거운 관심을 받는 에너지 기업이다.

전기자동차가 향후 자동차 시장을 이끌어 갈 주력 제품이 될 것이라는 주장이 설득력을 얻는 데는 배터리의 역할이 크다. 전기차의 성능은 바로 배터리 성능에 전적으로 달려있기 때문이다.

기존의 전기차들은 배터리 성능이 기대치에 못 미쳐 소비자 불만이 잇따랐다. 기술적으로 완비된 상태가 아니기 때문에 배터리 문제는 늘상 제기됐던 이슈였다. 따라서 배터리 성능을 얼마나 높이느냐에 따라 전기차 수요의 퀀텀 점프(Quantum Jump)가 가능하다는 게 전문가들의 지적이다.

노스볼트가 설립된 지 얼마 안 된 시점에 폭스바겐에서 대규모 투자를 유치한다고 발표했을 때, 자동차 업계는 그 결정에 의아해 했다. 전통의 자동차 명가 폭스바겐이 이제 설립 3년여에 불과한, 그것도 기술적으로 검증이 안 된 햇병아리 기업에, 차세대 배터리 사업 명운을 건다는 게 이해되지 않았기 때문이다.

하지만 이유는 간단했다. 폭스바겐 등 유럽의 자동차 명가들은 자동차 시장의 흐름이 전기차, 자율주행차로 넘어가는 데도 제대로 대응하지 못하고 있던 판이었다. 지금의 흐름을 돌리지 못한다면 유럽의 자동차 시장은 미국이나 아시아 차들의 전유물이 될 판이다.

더욱이 문제는 배터리 생산능력에 있었다. 차세대 배터리 시장은 한국과 중국, 일본 이들 3국에 지나치게 의존하고 있었다.

유럽으로선 지역 내 배터리 생산기지가 필요했고, 자체 생산설비를 만들고 막대한 투자를 하는 것보다 바로 꾸준히 배터리 개발에 매진해 온 노스볼트가 훌륭한 대안이 된 것이다.

배터리 시장에서 자주권을 확보하는 것은 유럽으로선 대단한 쾌거였다. 전기차 시장에서 테슬라와 양강 체제를 형성 중인 폭스바겐은 배터리를 핵심 사업으로 키우겠다고 공언했다. 바로 노스볼트가 그

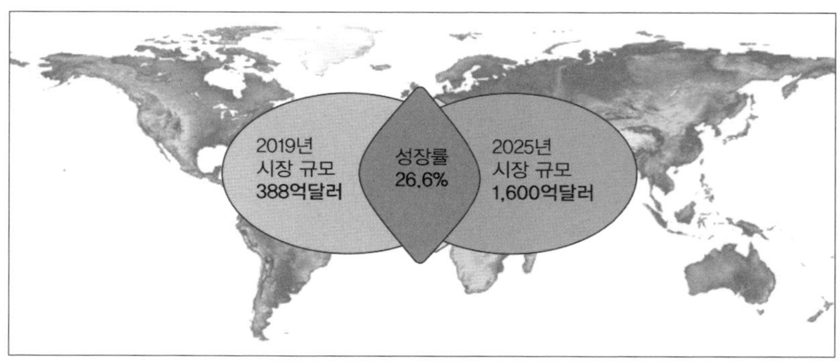

전 세계 리튬이온 배터리 시장 전망 _출처: IHS Markit

역할을 책임질 적임자였다.

노스볼트는 고성능 차량용 배터리 기술을 차별화할 것으로 예측된다. 이를 위해 노스볼트는 미국 배터리 스타트업인 규버그(Cuberg)를 인수했는데, 이 회사는 리튬메탈 배터리 전문기업이다. 이제 첫 작품을 선보인 노스볼트의 기업가치는 벌써 100억 달러 수준이다.

신생 기업의 몸값이 이 정도로 고평가된 것은 그만큼 배터리 시장의 향후 전망이 밝기 때문이다. 노스볼트가 과연 유럽의 기대주로 커 갈지 주목되는 대목이다.

평 점

서비스 능력 및 기술력	: ★★★☆☆
제품과 서비스의 혁신성	: ★★★☆☆
향후 시장성 및 성장성	: ★★★★☆
Leadership	: ★★★★☆

Comment

테슬라 대항마, 유럽 최초로 리튬이온 배터리 생산, 유럽 자동차 업계의 호프

태니엄 Tanium 29

분산처리 방식의 혁신적 보안서비스

- 미국에서 2007년 설립
- 엔드포인트 단위의 사이버 보안 서비스
- Fortune 100대 기업 중 50%, 미국 15대 은행 90%가 고객
- www.tanium.com

2007년 미국 캘리포니아에서 설립된 태니엄(Tanium)은 엔드포인트(PC, 노트북, 태블릿, 서버, POS, IoT 게이트웨이, ATM, 키오스크 등) 관리 및 보안 플랫폼 전문업체다.

기업의 업무 환경이 복잡해지고, 각종 시스템들이 구축되면서 보안은 갈수록 중요해지고 있다. 매년 전 세계적으로 수십만 건의 보안 사고가 발생하고 있으며, 해커들의 보안 기술은 그 수준이 점점 높아지고 있다. 때문에 업종을 망라하고 많은 기업은 보안장치나 소프트웨어를 설치해 외부의 위협에 대비하고 있다.

태니엄은 2007년에 이라크 출신이자 미국 버클리대 출신의 부자관계인 데이비드 힌다위(David Hindawi)와 오리온 힌다위(Orion Hindawi)가 설립한 보안 기업이다.

버클리대를 졸업한 유대계 아버지 데이비드 힌다위가 빅픽스(BigFix)

라는 보안회사를 설립했는데, 여기에 프로그래머로서 천재적인 재능을 갖고 있던 아들 오리온 힌다위를 합류시킨 게 오늘날 태니엄의 전신이다.

부자는 빅픽스를 매각하면서 제법 큰 돈을 벌게 되고, 이 자금으로 태니엄을 창업한다. 보안 시장의 가능성을 엿본 것이다.

창업 후 5년 동안 두문불출 보안 제품 개발에 몰두한 힌다위 부자는 2014년에 드디어 혁신적인 제품을 시장에 내놓게 된다. 기존 제품들이 주로 중앙집중형 방식으로 구성된 보안 시스템이었다면 태니엄 제품은 분산처리 방식으로 구현했다. 이 제품은 출시된 후 몇몇 기업에서 효과가 입증된 후 폭발적으로 수요가 늘어나기 시작했다.

태니엄은 설립된 지 14여 년 동안 복잡한 기업 환경에서 늘어나는 보안위협을 제대로 막을 수 있는 엔드포인트 관리 및 보안 제품과 소프트웨어를 공급하면서 명성을 쌓아왔다.

태니엄 제품은 기업 내 모든 IT 자산을 네트워크로 연계해 수초 만에 시스템의 취약부문을 실시간 직접 눈으로 확인할 수 있다는 데 있다.

여기서 주목할 것은 기업에 구축된 수많은 시스템은 각기 제조사도 다르고, 제품 종류만도 수백 가지가 넘는다는 데 있다. 게다가 클라우드를 IT 기반으로 채택하는 기업이 늘면서 예전처럼 시스템을 구분해서 관리하기가 힘들어졌다. 시스템이 복잡하다는 것은 그만큼 보안에 취약할 수밖에 없다.

태니엄의 경쟁력은 여기서 빛을 발한다. 태니엄 제품은 네트워크에 접속된 모든 기기를 모니터링함으로서 문제점을 즉각 파악할 수 있다.

일반적으로 회사에 보안 제품을 설치하기 위해서는 대형 보안 서버를 별도로 설치하고 이 서버를 통해 회사의 주 시스템에 접속된 기기를 일일이 등록했다면, 태니엄의 P2P(Peer to Peer) 방식은 네트워크상의 연결된 기기들을 바로 옆 기기에 정보를 전달해 모든 기기가 정보를 수집해 전달한다. 이는 보안의 완벽성에서 중앙집중 처리 방식에 비해 훨씬 강화됐음을 보여준다.

이러한 혁신 기술로 수요가 늘면서 포춘(Fortune) 100대 기업 중 절반가량이 태니엄 고객일 정도로 대기업에서도 태니엄의 제품과 서비스는 최고로 평가받는다. 여기에 미국의 15대 은행의 90%가 태니엄 고객이며, 미국 국방성 산하 4개 기관, 상위 70% 소매업체 및 글로벌 제조사들이 태니엄 플랫폼을 사용 중이다.

이런 명성에 걸맞게 태니엄은 포브스(Forbes)지가 선정한 '전 세계 클라우드 컴퓨팅 분야 100대 기업' 리스트에 5년 연속 선정되기도 했다.

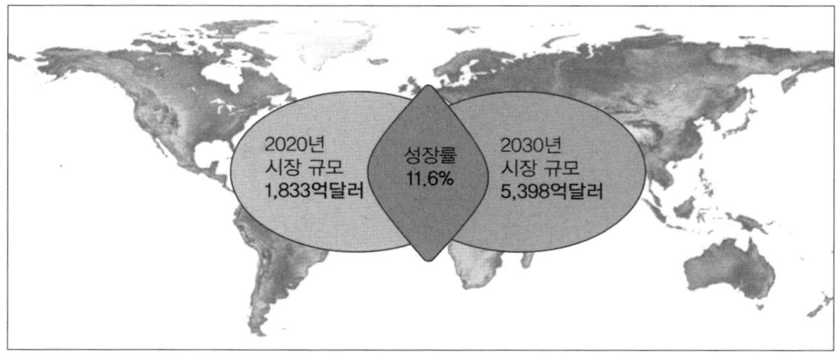

전 세계 사이버 보안 시장 전망 _출처: Research & Markets

직원 만족도도 높은 기업으로 알려져 있는데, 포춘에서 2021년도에 실시한 밀레니얼 세대를 위한 최고의 회사로 선정되는 등 제품뿐만 아니라 근무여건도 최상인 기업으로 평가받고 있다.

태니엄은 직원들에게 인종, 성별, 장애 여부와 무관하게 공정하게 대우하고 평가한다. 그만큼 직원들의 만족도도 매우 높은 기업으로 인정받고 있다. 현재 태니엄의 기업가치는 90억 달러에 달한다.

근무하는 직원은 2,000여 명으로 미국 내 50개 주에 사무실을 두고 있다.

태니엄의 매출은 2019년 기준으로 4억4,000만 달러를 거뒀다. 2020년 6월에 한국 시장에도 진출했다.

태니엄은 구글은 물론 세일즈포스 등과의 제휴를 통해 시장을 확대하는 중이다.

평 점

서비스 능력 및 기술력	: ★★★★☆
제품과 서비스의 혁신성	: ★★★☆☆
향후 시장성 및 성장성	: ★★★★☆
Leadership	: ★★★★☆

Comment

클라우드, 인공지능, 메타버스. 기업 보안을 위협할 신기술 등장은 비즈니스 확장 기회

토스 Toss 30

간편송금 서비스, 은행, 증권 등으로 전방위 포석

- 2013년 한국에서 설립
- 간편송금 앱 서비스, 인터넷전문은행
- 누적투자금액 8억4,400만 달러
- toss.im

토스(Toss)는 한국 기업 비바리퍼블리카(Viva Republica)가 서비스하는 핀테크 플랫폼이다. 2013년 설립된 비바리퍼블리카는 간편송금 서비스 토스로 국내 간편 결제 시장을 평정했다는 평가를 받았다.

비바리퍼블리카 설립자인 이승건 대표는 치과의사 출신이란 특이한 이력을 가진 인물이다. 그는 토스에 앞서 8개의 사업을 진행했지만 모두 실패를 맛보기도 했다. 하지만 9번째 도전 끝에 비바리퍼블리카는 2015년 8월에 간편송금 앱 토스를 출시해 엄청난 성공을 거두었다.

사실 간편송금이라 하면 소액이라 그리 큰 반향을 기대하기 힘들었다. 하지만 '티끌 모아 태산'이듯이 소액 거래가 누적되면서 거래액은 매년 큰 폭의 성장을 거듭했다.

처음 토스를 시장에 내놓을 때만 해도 당시 한국의 금융규제가 워낙 강해 성공 여부를 장담하기 어려웠다. 당시만 해도 공인인증서가 있어야 거래가 가능했기 때문에 안전장치 없이 거래한다는 것 자체가 금융 당국에서 쉽게 허용할 수 없는 사업 모델이었다. 필연적으로 정부 규제가 따랐으며, 출시 2개월 만에 서비스가 중단됐다. 하지만 스타트업 육성을 위한 불필요한 규제에 대한 철폐 요구가 높았으며, 이런 장벽을 뚫고 토스는 간편송금 서비스라는 새로운 시장을 개척했다.

여기에 기막히게 운도 뒤따랐다. 당시 엄청난 히트를 쳤던 드라마 『별에서 온 그대』의 주연배우였던 전지현이 드라마에서 입고 나왔던 롱코트(한송이 코트)가 덩달아 인기를 끌면서 이 옷을 구매하려는 중국인들이 국내 홈쇼핑업체로 몰려왔지만, 공인인증 문제로 포기하는 지경에 이르렀다.

부랴부랴 정부에서 간편 결제에 대한 규제를 풀면서 토스는 일약 국내 핀테크 시장의 '기린아'로 도약한 것이다.

토스뱅크의 월간 사용자 수는 1,400여만 명에 이른다. 토스 앱 가입자는 2,000만 명을 웃돈다. 모든 은행 서비스를 토스 앱에서 처리하기 때문에 사용자들에게 더할 나위 없이 편리한 서비스다.

간편송금 서비스 시장에서 큰 성공을 거둔 비바리퍼블리카는 증권 시장에도 진출했다. 또한, 2021년 6월에 인터넷전문은행 인가를 받고 은행업도 본격화했다.

토스뱅크는 '완전히 새로운 은행'이란 슬로건을 내걸고 출범한 디지털 뱅크다. 토스뱅크의 가장 큰 특징은 모든 상품이 단 1개라는 것. 여 · 수신 상품과 카드 상품이 각 1개뿐이다.

토스 앱에 은행 서비스를 담은 것도 또 다른 특징. 토스 앱 하나만으로 간편송금, 은행 업무, 증권, 보험업무까지 모든 금융업무를 간편하게 처리할 수 있다.

더욱이 신용 대출부문에서 토스뱅크는 빅데이터와 AI를 이용한 새로운 신용평가 모델을 만들었다.

이같은 비바리퍼블리카의 혁신적인 비즈니스 모델과 디지털 금융으로의 확장은 충성도 높은 강력한 사용자 그룹을 형성하고 있다.

매출도 증가일로다. 2017년 200억 원에 불과하던 매출액은 2020년 연결기준으로 3,898억 원에 이른다. 3년 사이에 20배 늘어난 규모다. 매출액의 83%는 기업(B2B) 시장에서 거둬들인다. 하지만 영업이익은 여전히 마이너스다. 2020년 기준으로 725억 원의 영업손실을 기록했다.

막대한 손실에도 불구하고 디지털 금융 시대의 도래를 이끈 선두 기업이란 이미지가 강해 큰 논쟁거리가 되지 않는다. 이미 비바리퍼블

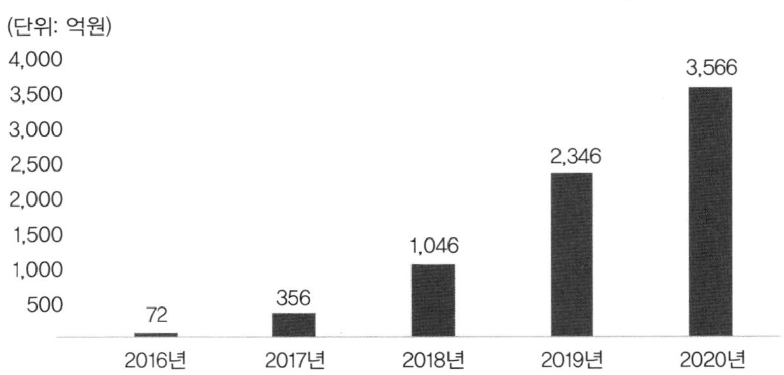

국내 간편송금 서비스 이용금액(일 평균 기준) _출처: 한국은행

리카의 기업가치는 74억 달러에 이른다. 기업가치만 놓고 본다면 하나금융지주(13조5,00억 원)와 맞먹는 규모다.

토스의 잠재 시장가치는 이미 200억 달러에 이른다는 전망도 제기된다. 그만큼 토스가 국내 금융서비스 시장에서 던진 파고는 높다. 하지만 여전히 국내 시장에 국한된 디지털 금융 서비스라는 점에서 한계도 분명 존재한다.

2019년도에 베트남에 토스 베트남을 설립한 것을 비롯, 2021년 연말에 토스는 미국 비상장 주식투자 플랫폼 리퍼블릭(Republic)의 지분 1%를 500만 달러에 인수하는 등 해외 시장 진출을 꾀하고 있다. 아직까지 구체적인 성과는 없다.

토스의 향후 성장성은 내수 부문에서 수익성 확보, 해외 시장에서의 구체적인 결과물 등이 반영될 것이다.

평 점

서비스 능력 및 기술력	: ★★★☆☆
제품과 서비스의 혁신성	: ★★★☆☆
향후 시장성 및 성장성	: ★★★☆☆
Leadership	: ★★★☆☆

Comment

간편 송금 앱 서비스에서 다진 디지털 금융 노하우는 회사의 강력한 미래 원동력

스케일AI ScaleAI 31

데이터 라벨링을 넘어서 토털 머신러닝 기업 추구

- 2016년 미국에서 설립
- 데이터 라벨링 및 큐레이션 서비스
- 누적투자금액 6억300만 달러
- scale.com

스케일AI(ScaleAI)는 데이터 라벨링(Data Labelling) 및 큐레이션(Curation)을 전문적으로 제공하는 스타트업이다. 데이터 라벨링은 영상이나 텍스트 등 데이터에 데이터 가공 도구를 활용해 인공지능이 학습할 수 있도록 다양한 정보를 목적에 맞게 입력하는 것을 말한다.

머신러닝이란 작업을 수행하기 위해서는 엄청난 량의 데이터를 인간이 인식할 수 있는 라벨링으로 작업해야 한다. 그런데, 이 데이터 라벨링은 사람이 수작업으로 일일이 처리해야 하는 번거로운 일이다. 이들을 가르켜 '데이터 라벨러(Data Labeller)'라고 부르는데, 머신러닝 기업들은 이처럼 임시직을 고용해 데이터에 라벨링하는 작업을 수행한다.

스케일 AI는 바로 인간들이 일일이 수작업으로 진행했던 데이터 라벨링을 소프트웨어적으로 처리할 수있는 도구를 제공하는 기업이다. 이처럼 데이터 라벨링을 전문으로 하는 기업들은 소수지만 입지는 더 커지고 있다.

스케일AI 외에도 데이터 라벨링 서비스를 제공하는 업체로는 사마소스(Samasource), 라벨박스(Labelbox), 하이브(Hive), 클라우드팩토리(Cloudfactory), 데이터루프(DataLoop) 등의 기업들이 있다.

즉, 기업에 있는 인공지능 개발자가 동영상이나, 그림, 사진 같은 콘텐츠를 API를 통해 스케일AI에 보내면 스케일AI는 자체 프로그램을 통해 자동 분류하고 정렬한다. 이를 또다시 자체 인력이 품질 검사를 진행한 후 고객 기업에 되돌려주는 과정을 밟는다.

이렇게 하면 고객 기업은 자잘한 업무에서 벗어나 좀 더 본질적인 업무에 충실하게 된다.

스케일AI가 하는 일이 일종의 DB입력 같은 단순한 일이지만, 머신러닝을 도입하려는 기업들 입장에서는 상당히 번거로운 일들을 단숨에 해결하게 되는 셈이다. 특히 이 기술은 AI 관련 인력이 없거나 내부 시스템이 없는 기업들에게 유용한 툴이다.

물론 품질 검사는 직접 사람이 수행해야 하기 때문에 100% 프로그램으로 처리한다고 할 수는 없다. 그럼에도 수많은 노동력이 투여될 작업을 50% 이상 줄이는 효과가 발생한다.

SNS 기업인 쿼라(Quora) 출신의 알렉산더 왕(Alexandr Wang)이 설립한 스케일AI는 처음에 로보택시와 자율주행차, 자동화 로봇 등을 개발하는 기업에 머신러닝 모델을 훈련시키는 데 필요한 라벨 데이터를 공급했다.

시간이 많이 소요되는 단순한 노동집약적 업무를 단지 몇 분 만에 처리하는 프로그래밍을 개발한 알렉산더 왕은 MIT 공대를 중퇴한 천재 개발자이다. 웨이모, 크루즈, 도요타 같은 자동차 회사나 엔비디어 같은 반도체 제조회사들이 바로 스케일AI의 주요 고객들이다.

데이터 라벨링에 대한 수요가 많아지면서 현재는 금융기관, 물류회사, 정부기관 등으로 고객이 확대됐는데, 에어앤비나 오픈AI(OpenAI), 도어대시(Doordash) 등과 같은 대형 고객들을 확보했다.

스케일 AI가 데이터 라벨링 시장에 특화된 기업이지만, 이제는 데이터 라벨링을 넘어선 토털 머신러닝 기업으로 발돋움하겠다는 목표를 세워 단계별로 공략 중이다. 단순한 데이터 라벨링을 넘어 소프트웨어 기반의 서비스로 확장한다는 전략이다.

이를 위해 스케일AI는 2020년초에 AI 개발 플랫폼인 뉴클리어스(Nucleus)를 출시했다. 이 제품은 고객들이 데이터 세트를 만들고 관리하는 방법을 제공해 기업 스스로 자사의 머신러닝 모델을 테스트하고

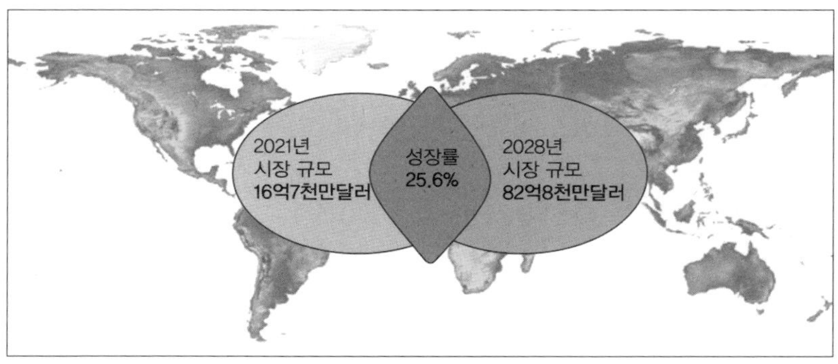

전 세계 데이터 라벨링(Data Labelling) 시장 전망 _출처: Grandview Research

검증할 수 있다. 더 많은 기업들이 뉴클리어스를 활용해 기업내 AI를 좀더 편하게 도입할 수 있도록 지원하는 툴인 셈이다.

이 기술은 스케일AI가 2020년 11월에 인수한 헬리아(Helia)라 스타트업이 개발한 기술이다. 또한 스케일AI는 2021년에는 유럽내 차량 검색 플랫폼 스타트업인 시아서치(SiaSearch)를 인수했는데, 이 회사는 차량에서 수집된 원시 데이터를 자동으로 색인하고 구성할 수 있는 플랫폼을 제공하는 기업이다.

스케일AI는 매년 매출규모가 성장하고 있다. 연간 매출액은 1억 달러에 달하는데 매년 2배 이상의 성장률을 기록중이다. 현재까지 6억 달러 이상의 투자금을 유치 받았다. 기업가치도 크게 올라 73억 달러에 달하는 것으로 평가받는다.

평 점

서비스 능력 및 기술력	: ★★☆☆☆
제품과 서비스의 혁신성	: ★★☆☆☆
향후 시장성 및 성장성	: ★★★☆☆
Leadership	: ★★★☆☆

Comment

기업 AI도입 확산, 머신러닝 처리, 소프트웨어로서의 AI 서비스로 확장

데이터로봇 Datarobot 32

AI 기반 엔터프라이즈 머신러닝 시장의 리더

- 2012년 미국에서 설립
- AI 기반의 머신러닝 플랫폼
- 누적투자액 10억 달러
- www.datarobot.com

데이터는 4차 산업혁명의 가장 중요한 요소이다. 특히 데이터 산업의 핵심인 머신러닝은 데이터를 분석하고 해당 데이터를 통해 학습한 정보를 바탕으로 결정을 내리기 위해 학습한 내용을 적용하는 알고리즘이다.

머신러닝은 사실 보편화된 기술이다. 가령 본인이 좋아하는 음악적 취향을 머신러닝이 분석해 나에게 적합한 취향의 음악을 스트리밍하는 엔터테인먼트 영역부터 악성코드를 추적하는 데이터 보안영역까지 다양한 분야에 적용 가능하다.

머신러닝은 복잡한 수학이나 코딩으로 이루어졌는데, 이같은 복잡성의 난도는 더 나은 인식을 가능하게 한다는 점에서 기술적 중요도가 높아지고 있다.

기업의 머신러닝 자동화 플랫폼 기업인 데이터로봇(Datarobot)은 데이터 사이언스 분야에서 가장 주목받는 기업 중 하나로 꼽힌다. 2012

년 설립돼 이제 10여 년에 불과하지만 데이터로봇은 인공지능과 머신러닝을 대규모로 구축하고 배포 및 유지 관리하는 엔드투엔드(End to End) 프로세스를 자동화하는 엔터프라이즈 AI 플랫폼을 제공한다. 최신의 오픈 소스 알고리즘으로 작동되는 한편 클라우드나 온프레미스(On-Premise) 또는 완전관리형 AI서비스를 제공한다.

데이터로봇의 머신러닝 솔루션을 통해 프로세스를 자동화하면 더 간단한 솔루션을 생성하는 한편 기존에 구축된 모델보다 성능이 훨씬 좋은 모델을 만들어 낼 수 있다.

데이터로봇은 기업에 신뢰할 수 있는 AI 기술을 제공하는 한편 지원 서비스, 교육 훈련을 제공한다. 데이터로봇의 머신러닝 기술은 초보자는 물론 전문 사용자가 머신러닝을 학습하는 데 필요한 신속한 데이터 탐색, 정리, 결합 등을 제공해 사용자 친화적인 점이 특징이다.

방대한 데이터 분석에 애를 먹는 기업들에게 데이터로봇은 알고리즘을 활용해 코드를 작성하지 않고도 사용자에 적합한 AI 모델을 구현하도록 지원한다.

또한, 작업에 필요한 인공신경망(Neural Network)를 찾아 자동으로 미세 조정을 하여 성능을 향상시킨다. 때문에 데이터로봇의 AI 플랫폼을 사용하는 기업은 효과적으로 데이터를 관리할 수 있을 뿐만 아니라 단일 솔루션에서 머신러닝 모델을 검증할 수 있다.

특히 데이터로봇이 이 분야에서 기술력이 뛰어나다는 평가를 받는 요인은 바로 각 단계를 자동화하고 가속화하는 엔드투엔드 기술에서 통찰력을 제공한다는 점이다.

속도면에서도 데이터로봇 솔루션은 기존의 머신러닝 예측 모델 개발에 많은 시간이 소요됐던 코딩, 알고리즘 선택 및 튜닝 작업 등을 자동화하여 모델링 속도를 10배 이상 향상시켰다는 것. 따라서 보다 정확한 분석 결과를 얻을 수 있는 모델을 개발할 수 있다.

이미 전 세계적으로 엔터프라이즈 환경에서 데이터로봇의 머신러닝 자동화 플랫폼은 많은 기업이 채택하고 있다.

컴퓨터 제조회사인 레노버 브라질 법인은 데이터로봇을 활용해 머신러닝 학습모델 생성시간을 4주에서 3일로 단축하는 한편 모델을 생산하는데 걸리는 시간도 2일에서 5분으로 단축하는 효과를 거두었다. 또한 판매량을 정확하게 예측하는데도 데이터로봇을 활용하고 있다.

싱가포르 최대 금융사인 NTUC Income 역시 데이터로봇을 활용해 보험계리사 업무를 자동화해 결과 생성시간을 며칠에서 단 1시간만으

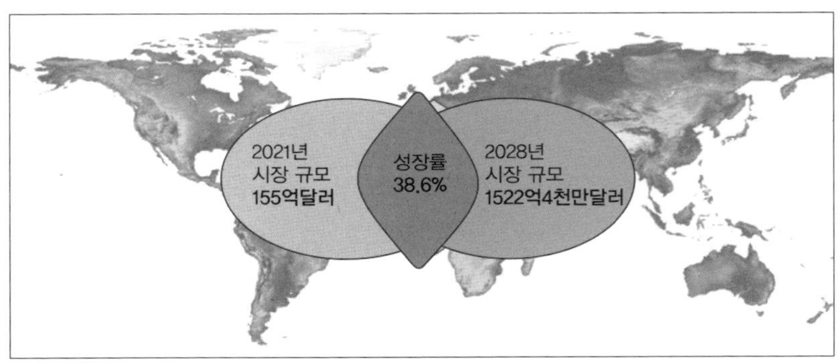

전 세계 머신러닝(Machine-Learning) 시장 전망 _출처: Fourtne Business Insight

로 단축했다.

이 외에 국내에서도 쏘카가 데이터로봇의 머신러닝 플랫폼을 도입하기도 했는데, 사용자, 차량, 지역 기준에 맞는 수요 예측, 비용 산정, 마케팅 등에 데이터로봇 솔루션을 도입해 생산성 향상은 물론 비즈니스 경쟁력을 높이는 데 중요한 역할을 하기도 했다. 특히 데이터로봇의 클라우드 플랫폼에서 20억 개 이상의 머신러닝 모델이 구축됐다.

2012년 설립된 이래 데이터로봇은 연간 매출이 1억 달러를 웃돌고 있으며, 매년 두 자릿수 성장을 거듭하고 있다.

평 점

서비스 능력 및 기술력	: ★★★★☆
제품과 서비스의 혁신성	: ★★★☆☆
향후 시장성 및 성장성	: ★★★★☆
Leadership	: ★★★☆☆

Comment

정상급 데이터 사이언티스트, 엔터프라이즈 머신러닝 시장의 리더, 강력한 고객 기반

오로라이노베이션 Aurora Innovation 33

자율주행차 시장의 게임 체인저

- 2017년 미국에서 설립
- 자율주행 트럭 및 로보택시, 구독형 자율주행 서비스
- 누적투자금액 21억 달러
- aurora.tech

미국의 자율주행차 업체인 오로라이노베이션(Aurora Innovation)은 지난 2017년 미국 펜실베니아에서 설립된 자율주행 전문 스타트업이다.

오로라를 설립한 크리스 엄슨(Chris Urmson)은 구글에서 자율주행차 프로젝트를 추진했던 개발자였다. 그는 구글 자동차의 최고 기술책임자로 7년여를 근무한 후 2017년에 테슬라에서 자율주행 총괄책임자였던 스털링 앤더슨(Sterling Anderson)과 우버에서 자율주행차를 연구했던 드류 배그널(Drew Bagnell)과 공동으로 오로라이노베이션을 설립했다.

자율주행 분야에서 세계 최고의 두뇌들이 설립한 회사가 바로 오로라이다.

현대차는 바로 이들의 가능성을 믿고 오로라와 230억 원에 달하는 전략적 투자를 체결하고 레벨4 자율주행차 개발에 나서고 있다. 이 외에도 폭스바겐과 아마존도 투자자들이다. 이들 대기업들이 오로라 투

자에 나서는 이유는 본격화된 자율주행차 시장의 선점을 두고 구글과 애플 등 빅테크 업체들과 맞서기 위해서다. 이미 오로라는 자율주행 차량 시장에서 파카(Paccar), 볼보, 도요타, 우버 등과 파트너십을 맺은 바 있다.

오로라는 비즈니스적으로 다양한 시도를 하고 있다. 우선 자율주행 차 판매와 함께 차량공유 서비스 시장에도 본격적으로 나선다는 방침이다. 이를 위해 구독형 비즈니스 모델(Subscription Business Model)을 전략 사업 부문에 적용하고 있다.

일단 구독형 비즈니스 모델은 개인 트럭 운전사나 승차공유 승객이 아닌 트럭을 물류 수단으로 이용하는 물류 기업이나 차량 임대사업자 등을 대상으로 삼는다는 계획이다.

오로라는 2023년 첫 자율주행 트럭과 로보택시를 시장에 내놓고 2027년까지 손익분기점을 달성하겠다는 목표를 발표했다. 오로라는 자율주행 트럭으로 수익구조를 획기적으로 개선할 수 있다고 장담했으며, 로보택시는 차량공유 서비스에 필요한 자금을 지원하게 될 것이라고 강조했다. 차량공유 서비스 시장의 초기 타깃은 수익성이 높은 공항 및 비즈니스 구역이 될 것이라고 강조했는데, 실제 통상 주행거리당 비용의 40% 이상은 운전자 인건비가 차지하는데, 11시간 이상 사람이 운전하기는 어렵다는 점에서 자율주행 트럭의 시장성은 높은 편이다.

오로라는 구독형 자율주행차 서비스를 내놓을 것이라고 발표했는데, 구독형 트럭과 택시 서비스인 오로라 호라이즌(Aurora Horizon)과 오로라 커넥트(Aurora Connect)가 야심찬 첫 출발이 될 것이라고 강조했다.

오로라 호라이즌은 화물 운송이나 물류 기업을 타깃으로 한 자율주행 트럭 서비스로 이미 2021년 9월에 물류 기업인 페덱스와 배송용 자율주행차 개발에 나서고 있다.

현재 자율주행 트럭은 미국 댈러스와 휴스턴을 오가면서 시범 운행 중에 있다. 2023년 말까지 완전 무인 자율주행 트럭 배송 시스템을 구현한다는 전략이다.

오로라 커넥트는 우버와 같은 호출형 승차공유 서비스로서 원하는 시간과 장소로 차량을 불러 이동할 수 있는 서비스이다. 오로라 커넥트는 자율주행 시스템인 '오로라 드라이버'(Aurora Driver)와 차량 상태를 모니터링할 수 있는 '오로라 비콘'(Aurora Beacon), 자율주행차 운

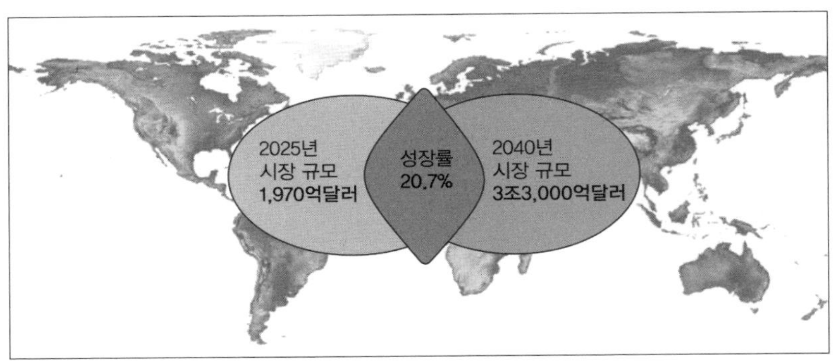

전 세계 차량공유 서비스 시장 전망 _출처: IHS Automotive, 삼정KPMG

행 시간 확대를 위해 제공되는 도로변 지원 프로그램인 '오로라 쉴드'(Aurora Shield)로 구성된다.

오로라 드라이버는 인공지능 기반의 기술로서 인지 및 판단 능력에서 앞선 기술력을 자랑한다. 특히 주변 환경을 인지하는 고성능 라이다 기술, 레이더, 카메라와 첨단 소프트웨어 모듈로 구성됨으로써 자율주행차의 수준을 한 단계 업그레이드한 것으로 평가받는다.

자율주행차 개발을 위해 오로라는 우버의 자율주행차 사업 부문인 어드밴스드 테크놀러지그룹(Advanced Technology Group)을 인수하는 등 공격적인 행보도 이어가고 있다.

오로라의 사업확장 범위는 다양하게 차별화된 형태로 진화하고 있다. 자율주행차가 새로운 게임 체인저(Game Changer)로 부상하는 시대가 멀지 않았다.

평 점

서비스 능력 및 기술력	: ★★★★☆
제품과 서비스의 혁신성	: ★★★☆☆
향후 시장성 및 성장성	: ★★★★☆
Leadership	: ★★★★☆

Comment

자율주행차와 구독형 비즈니스 모델의 신선한 결합, 진정한 오로라가 될 것인가

랠러티비티스페이스 Relativityspace 34

화성에 산업기지 구축, 우주 시장 개척

- 2015년 미국에서 설립
- 3D프린팅으로 생산한 로켓 개발
- 13억 달러 투자 유치
- www.relativityspace.com

우주를 향한 인류의 도전은 끝없이 이어져 왔고, 도전과 역경의 시대를 거쳐왔다. 수많은 실패 속에서도 인류는 우주에 대한 도전을 멈추지 않았다. 우주로의 확장은 불가능할 것이란 비관적인 시각도 여전히 많은 게 사실이다.

2000년대까지 우주 개발은 주로 국가를 중심으로 범정부 차원에서 진행됐다. 2010년대 들어 민간에서도 본격적인 우주 개발 경쟁에 뛰어들면서 지금은 민간기업 중심의 우주 시장 개척이 활발해지고 있다. 랠러티비티스페이스(Relativityspace)는 동체 100%를 3D 프린팅으로 만든 재사용 로켓을 개발하는 우주기업이다.

하지만 랠러티브스페이스의 진짜 야심은 화성에 산업기지를 만드는 데 있다. 이미 회사 비전에 인류의 장기적 발전을 위해 화성에 산업시설을 만든다는 것을 야심 차게 발표하기도 했다. 랠러티브스페이스의 야망은 현실로 이루어질까.

2015년 설립된 랠러티비티스페이스는 엔진부터 각종 부품에 이르는 로켓의 부품 소재를 100% 3D프린터로 구현하는 기술을 특화 영역으로 내세운 기업이다. 이 회사의 주요 핵심 멤버들은 우주 기업 스페이스X(Space X)와 블루오리진(Blue Origin) 출신의 엔지니어들이다.

이들이 로켓을 3D프린터로 만들겠다는 나선 이유는 경제성 때문이다. 3D프린터로 부품을 개발하는 경우 부품 수도 기존 로켓의 1/100로 줄일 수 있는 데다, 로켓 개발 기간도 60일 이내로 단축할 수 있다. 랠러티비티스페이스는 3D프린터가 수많은 로켓 부품을 사용해야 하는 산업 특성상 가장 중요한 기술이라는 점을 인식한다.

이를 구현하기 위한 프로젝트가 바로 테란R(Terran R)프로젝트. 테란R프로젝트는 로켓 전체를 재사용 가능한 부품으로 만드는 프로젝트로 스페이스X의 팔콘9(Falcon 9)과 같은 사이즈를 구현하는 것을 목표로 한다. 이미 이 프로젝트에 6억5,000만 달러라는 거금이 투자됐다. 여기에는 한화에어로스페이스 등 국내 기업도 세 군데 이상 투자를 단행해 주목받은 바 있다.

이 회사의 기업가치를 인정한 투자자들의 면면도 이채롭다. 피델리티 등 자산운용사와 헤지펀드는 물론 억만장자인 미 프로농구 댈러스 매버릭스 구단주 마크 큐반(Mark Cuban), 뮤지션인 자레드 레토(Jared Leto)도 투자자로 참여했다.

이미 랠러티비티스페이스는 미 항공우주국(NASA)과 미국 국방성,

위성통신업체 이리듐 커뮤니케이션((Iridium Communication) 등과 로켓에 화물을 실어 우주로 보내는 운송계약을 체결했는데, 발사횟수가 9번으로 예정돼 있다.

첫 번째 발사는 미국 캘리포니아 우주 발사국 기지에서 2022년 1월에 처음 발사됐다. 최고경영자인 팀 엘리스(Tim Ellis)는 스페이스X의 주력 로켓인 팔콘9에 맞서 2024년까지 100% 재사용 부품을 장착한 테란R 로켓을 쏘아 올리겠다고 장담했다.

랠러티비티스페이스의 기업가치는 42억 달러로, 1,003억 달러 가치인 스페이스X에 비해 1/25 수준이다. 하지만 랠러티비티스페이스는 스페이스X와 본격 경쟁을 펼치는 2024년 이후를 주목하라고 말한다. 팀 엘리스는 장기적으로 화성에 산업기지를 건설하는 것을 목표로 한다고 강조했다.

사실 인류가 화성에 인공적인 도시를 건설하겠다는 계획은 1980년대 초 러시아(당시 소련)에서 추진했지만, 지금까지 미개척 분야다. 하

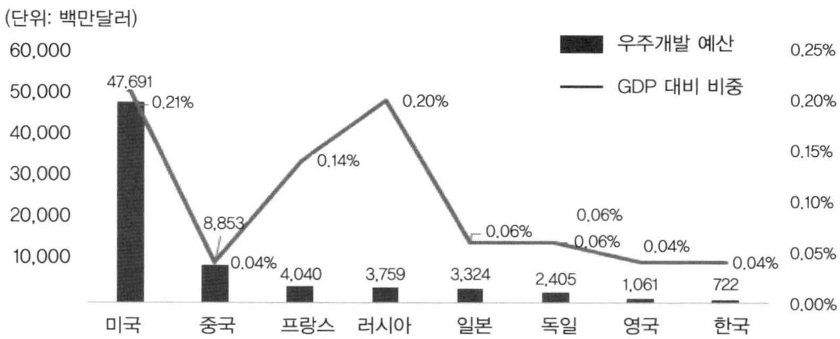

국가별 우주 관련 예산(2020년 기준) _출처: Eurocounsil, 2020

지만 이 당돌한 스타트업 랠러티비티스페이스의 화성 탐사가 계획대로 성공할지는 여전히 미지수다.

로켓 추진 발사체는 미세한 흠만으로도 결함을 야기해 성공을 장담할 수 없다. 이 부품을 3D프린터로 제작한다는 것 자체도 처음 시도하는 모험이다. 그만큼 실패 위험도 크다. 하지만 랠러티비티스페이스는 자신 있게 응답한다.

팀 앨리스는 '앞으로 세상은 항공 우주 영역을 중심으로 발전하게 될 것'이라고 단언한다. 그는 '우주 시장이 미래 핵심산업이 될 것이며, 이를 위해 자체 기술을 확보하거나 관련 기업을 인수하는 형태를 취할 것'이라 주장했다.

과연 화성 탐사를 위한 첫발을 내디딘 랠러티비티스페이스가 영광을 쟁취할지 주목된다.

평 점

서비스 능력 및 기술력	: ★★★★☆
제품과 서비스의 혁신성	: ★★★★☆
향후 시장성 및 성장성	: ★★★★☆
Leadership	: ★★★★☆

Comment

인류 문명의 한 단계 도약을 위한 시동은 과연 성과를 낼 것인가

임퍼서블푸즈 Impossible Foods 35

먹거리의 혁명, 푸드테크 이끌어

- 2011년 스탠퍼드대 교수로 재직했던 패트릭 브라운이 설립
- 식물성 고기(대체육) 생산 및 판매
- 누적투자액 21억 달러
- impossiblefoods.com

우리의 일상생활 중 가장 중요한 것 중의 하나는 먹거리일 것이다. 코로나 팬더믹 상황에서도 우리는 늘 코로나 만큼이나 먹거리 때문에 전전긍긍했다. 게다가 건강을 염려하는 사람들이 늘어나고, 먹거리로 인한 환경문제가 사회적 이슈로 커지면서 좀 더 효율적이고 뭔가 바람직한 대안이 무엇인지를 찾기 시작했다.

푸드테크(Foodtech)도 좀 더 나은 먹거리를 찾기 위한 욕구에서 시작됐다. 식품산업에 IT를 적용한다 해서 푸드테크라고 일컫는 이 용어는 많은 사람에게 여전히 생소하다.

IT는 뭔가 창의적이고 지식 집약적인 의미로 쓰이지만, 뷰티테크(Beautytech)니, 푸드테크니 하는 용어들은 뭔가 작위적인 냄새가 풍긴다는 선입관이 들기 마련이다. 하지만 푸드테크는 엄연히 새로운 신산업으로 주목받고 있다. 게다가 먹거리의 혁명을 주도한다니 솔깃한 기술인 것 만큼은 사실이다.

푸드테크는 정의가 굉장히 광범위하다. 요리법 공유부터 음식배달 서비스로부터 식당평가, 식품제조, 대체식품 개발 등 다양한 분야를 포함한다.

그래도 푸드테크를 좁혀서 해석하자면 아마도 대체식품 개발일 것이다. 비건(Vegan) 열풍이 불면서 고기 대신 고기 맛을 느끼게 해주는 대체육 개발은 가장 핫한 분야다. 대체육 시장은 코로나 팬더믹의 직접적인 영향을 받은 것은 아니지만, 외부 이동이 힘든 여건에서 이전보다 수요가 많아진 상황이다.

게다가 글로벌 공급망 불안정 때문에 육류 공급도 원활하지 않다. 컨설팅 회사인 AT커니는 2040년도에 전체 육류 시장의 60%를 대체육이 차지할 것이라 전망하기도 했다. 때문에 대체육 시장은 전 세계 푸드테크 기업들의 각축장이 된 지 오래다. 물론 한국에서도 유망한 푸드테크 업체들이 즐비하다.

2011년 스탠퍼드대 교수였던 패트릭 브라운(Patrick Brown)이 설립한 임퍼서블푸즈(Impossible Foods)는 이 분야에서 세계 시장을 선도하는 기업이다. 회사명에서 알 수 있듯이 '인공적으로 만들기 불가능한 음식'이라고 여겼던 고기 맛을 야채로 구현한다는 것은 아마도 먹거리 문화의 새로운 지평을 여는 일일지도 모른다.

임퍼서블푸즈는 '찐' 고기 맛이 나는 모조 고기를 만드는 데 성공해 전 세계 언론의 주목을 받았다. '식물성 야채와 고기를 같이 즐긴다'. 이 불가능한 미션을 임퍼서블푸즈가 성공적으로 수행한 것이다.

이미 채식주의자들에게 고기 맛을 내는 콩고기는 익히 알려진 음식이다. 하지만 뭔가 진짜 고기 맛과는 미묘한 차이가 존재했다. 임퍼서블푸즈의 비법은 바로 콩에서 추출한 레그 헤모글로빈이란 효모를 배양해 햄 분자를 만든 기술 때문이다. 레그 헤모글로빈은 육류의 미오글로빈이라는 성분과 유사해 진짜 소고기 맛을 느낄 수 있게 해준다. 식물에서 육류 맛을 똑같이 재현해 낸 것이 성공비결인 셈이다.

입소문을 타고 알려진 임퍼서블푸즈의 식물성 고기는 이후 비건주의자는 물론이고 육식주의자들로부터도 큰 인기를 모았다. 게다가 '대량 생산 시스템'을 가동한 이후 마케팅적으로도 유명 햄버거 프랜차이즈에 '신상' 메뉴로 등장하면서 일반인들도 쉽게 접할 수 있게 되면서 급속도로 인기가 올라갔다.

물론 일반 버거보다 가격 측면에서 여전히 비싸다는 것은 단점이다. 하지만 임퍼서블푸즈는 일반 고기 버거 수준으로 가격대를 맞출 수 있다고 공언했다.

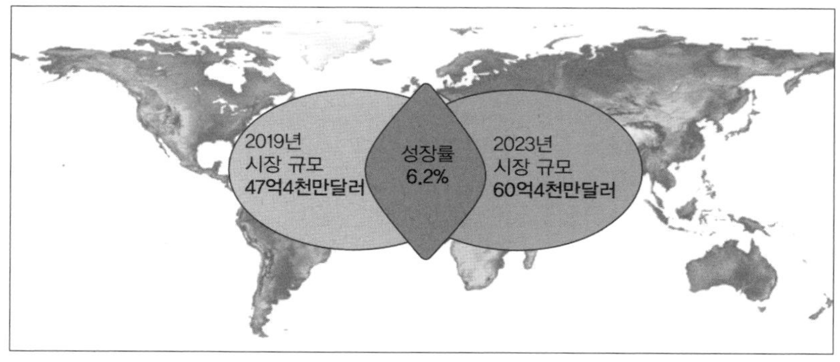

전 세계 대체육 시장 전망 _출처: Global Market Data

현재 임퍼서블푸즈는 3만3,000여개 레스토랑에서 사용 중이며, 식물성 버거는 2만여 개 식료품 점에서 판매된다. 임퍼서블푸즈는 구글에서 2억 달러에 인수하자고 제안했을 때 거절할 정도로 뚝심까지 갖췄다.

임퍼서블푸즈는 연간 2억3,000만 달러의 매출을 올리고 있으며, 기업가치는 40억 달러로 평가받을 정도로 몸값이 치솟는 중이다.

평 점

서비스 능력 및 기술력	: ★★★☆☆
제품과 서비스의 혁신성	: ★★★★☆
향후 시장성 및 성장성	: ★★★★☆
Leadership	: ★★★★☆

Comment

'찐' 소고기 맛을 내는 식물성 고기, 비건 열풍, 글로벌 공급망 악화로 대체육 수요 증가

패트리온 Patreon 36

크라우드 펀딩 방식, 창작자를 위한 온라인 한마당

- 2013년 미국에서 설립
- 크라우드 펀딩 방식의 창작자 후원 동영상 사이트
- 누적투자금액 4억1,300만 달러
- www.patreon.com

유튜브같은 동영상 서비스가 차세대 미디어로 성장하면서 재능 많고 실력 좋은 크리에이터(Creater)들이 등장해 유튜브를 통해 수익을 창출하고 있다. 하지만 동영상 서비스 중 유튜브의 영향력이 워낙 강력해 다른 동영상 서비스들은 좀처럼 맥을 못추고 있다.

유튜브가 동영상 시장을 싹쓸이하다시피 하면서 이에 반발하는 흐름도 나타난다. 유튜브의 지나친 상업화나 외설스러운 동영상이 판치는 것에 대한 거부감 등에 대한 일종의 반성인 셈이다. 이들 저항군 가운데 패트리온(Patreon)이란 기업이 있다.

패트리온의 설립자인 잭 콘티(Jake Conte)는 배우이자 뮤지션 출신이다. 그가 패트리온을 만든 동기가 재미있다. 3개월에 걸쳐 제작한 뮤직비디오를 유튜브에 올려놨는데, 100만 조회수를 기록했지만 수익은 단 142달러에 그쳤다는 것이다. 잭 콘티는 이같은 수익 구조가 부당하다고 느꼈고 뮤지션들을 위한 동영상 사이트를 만들기로 했다. 패트리온의 창업 스토리다.

패트리온은 팬들이 후원해서 만들어가는, 팬과 창작자를 연결하는 동영상 사이트다. 일종의 크라우드 펀딩 방식으로 구현된 구조다.

패트리온은 일회성 모금으로 끝나지 않고 크리에이터, 음악가, 웹툰 작가 등 창작자들이 새로운 콘텐츠를 내놓을 때마다 후원자들이 매번 일정 금액을 모금하도록 설계했다. 그는 이 아이디어를 가지고 스탠퍼드 대학 동기인 샘 얌(Sam Yam)과 함께 회사를 창업했다.

뮤지션이나 아티스트가 패트리온 사이트에서 공연을 하게 되면 팬들이나 후원자들이 자발적으로 후원금을 내는 비교적 단순한 비즈니스 모델이다.

인디밴드 뿐만 아니라 소설가, 영상제작자, 아티스트 등 예술가들은 자신의 창작물을 여기에 올려놓으면 누구든지 후원을 받을 수 있다. 창작자들은 익명이나 실명으로 콘텐츠를 올려놓을 수 있다. 콘텐츠 분량이나 시간은 오롯이 창작자 몫이다.

콘텐츠를 원하는 후원자는 일정액의 후원금을 지불하고 콘텐츠를 구독하면 된다. 창작자는 후원자들에게 새로운 콘텐츠를 제공하기 위해 주기적으로 새로운 콘텐츠를 게재하고, 후원자들은 다른 후원자를 끌어들이는 방식이다. 창작자들은 라이트, 프로, 프리미엄 등 세가지 요금제 중에서 선택할 수 있다.

수수료는 각 등급에 따라 차별적으로 받는다. 라이트는 5%, 프로는

8%, 프리미엄은 12%다. 요금이 비싸면 체계적인 관리를 받는다. 후원금은 예술가가 정하나, 금액 상한선은 1만5,000달러다.

후원자는 유튜브, 트위터 등 SNS를 통해 패트리온에 입점한 창작자를 찾아 콘텐츠를 즐기고 후원한다. 후원금을 많이 내면 독점적인 콘텐츠를 받아 볼 수 있고, 온라인 채팅 서비스도 할 수 있다.

현재 패트리온에서 가장 후원자가 많은 창작자는 범죄자들의 다큐멘터리를 다루는 팟캐스트 트루 크라임 옵세스드(True Crime Obsessed), 음식 팟캐스트인 도프보이즈(Doughboys) 등이다. 트루 크라임 옵세스드는 후원자가 4만4,000여명이며, 월 수익만 최대 33만 달러에 육박한다.

코로나19로 많은 길거리 예술가들이 공연을 하지 못하면서 패트리온의 선한 기부는 많은 여론을 등에 업고 있다.

예술가들은 일정액의 후원금을 받음으로써 생계를 걱정하지 않고

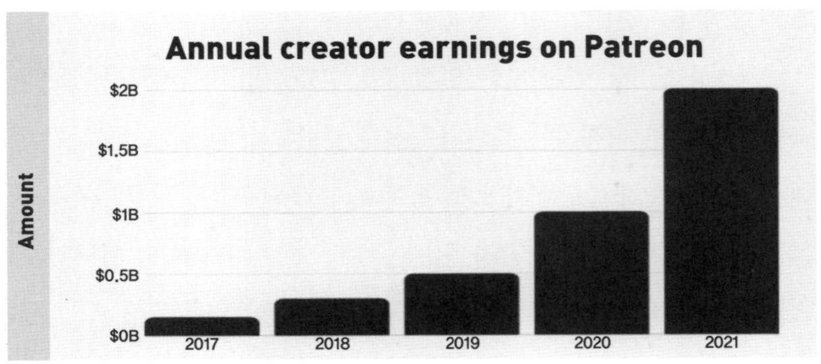

패트리온에 입점한 창작자들의 연간 수익 _출처: Patreon, Techcrunch

창작에 몰두할 수 있게 된 것이다. 패트리온에서는 그동안 700만 명의 후원자가 창작자를 위해 10억 달러를 기부했다.

초창기에는 실제 창작자들에게 돌아가는 후원금 대부분 소액이었으나 점차 규모가 커지면서 월 1만명이 구독하는 콘텐츠도 등장했다.

현재까지 총 4억1,300만 달러를 투자받은 패트리온의 기업가치는 40억 달러로 평가받는다. 2020년 12억 달러이던 기업가치가 코로나 상황을 거치면서 3배 가량 뛰었다.

평 점

서비스 능력 및 기술력	: ★★☆☆☆
제품과 서비스의 혁신성	: ★★★☆☆
향후 시장성 및 성장성	: ★★★★☆
Leadership	: ★★★★☆

Comment

예술가를 위한 크라우드 펀딩, 선한 후원자, 예술과 비즈니스간의 연계

듀오링고 Duolingo 37

게임형 외국어 학습 에듀테크 서비스

- 2011년 미국에서 설립
- 게임기법을 통한 40여 개의 언어학습 플랫폼 제공
- 2020년 매출 1억6,100만 달러
- www.duolingo.com

코로나 팬더믹으로 교실에서 얼굴을 맞대고 수업하는 전통적인 학습방식이 위협받고 있다. 이 때문에 AR/VR 등 각종 첨단 정보통신기술을 통해 원격에서 수업 받는 에듀테크(Edutech) 서비스가 급성장 중이다. 에듀테크 서비스는 사교육 시장에서 다양한 학습 도구를 통해 교육 기회를 더 폭넓게 받아볼 기회를 제공한다. 많은 사람이 집에서도 간단하게 스마트폰 조작만으로 다양한 배움의 기회를 얻게 된다면 코로나 상황이 그리 절망적이지는 않을 것이다.

에듀테크 영역 가운데, 특히 제2외국어 학습 분야는 국적을 불문하고 다양하게 표출되고 있다. 미국의 에듀테크 스타트업 듀오링고(Duolingo)는 웹이나 앱 기반의 제2외국어 학습 기회를 제공한다. 코로나 상황에서 듀오링고의 매출은 급격히 높아졌고, 투자도 이어지고 있다.

지난 2011년 미국 피츠버그에서 루이스 폰안(Luis Von Ahn)이 설립한 듀오링고는 다양한 언어학습 플랫폼을 제공한다. 루이스 폰안은 그가 설립한 두 번째 회사인 자동방지 도구 프로그램 회사 리캡차(reCAPTCHA)를 구글에 매각, 그 대금으로 듀오링고를 설립했다. 과테말라 출신인 루이스 폰안은 과테말라 국민들이 영어를 배우기 위해 많은 비용을 지불해야 한다는 점에 아이디어를 얻어 듀오링고를 설립했다고 밝힌 바 있다.

듀오링고의 교육 시스템은 기초 언어 습득에 집중한다. 듀오링고는 60여 개의 언어 교수법을 제공하는데, 100여 개의 강좌를 개설해 누구나 자신의 스마트폰에서 언어를 학습할 수 있다. 물론 안드로이드폰이나 애플폰에서 누구나 가능하다.

초기 듀오링고는 게임기법을 활용해 언어를 배울 수 있는 프로세스를 구축했다. 강의식 전달이 아닌 게임 방식으로 학습을 하게 되면 동기부여가 뚜렷해 학습효과가 더 높아진다는 판단에서다.

교육 방식은 단순하다. 사용자들은 일정 시간 내 주어진 퀴즈를 풀어야 다음 단계로 진입할 수 있다. 또한, 사용자들에게 일정 시간 지나면 이미 완료한 학습 분야를 복습하게 한다. 게임 기법과 반복 학습을 통한 외국어 공부법이 바로 듀오링고의 핵심 학습 방법이다.

듀오링고의 비즈니스 모델은 독특하다. 누구나 언어 콘텐츠를 이용하는 것은 무료이다. 하지만, 모바일이나 브라우저에 있는 광고를 빼고 싶다면 비용을 지불해야 한다.

이 기능은 듀오링고 플러스로 알려져 있다. 월 6.99달러를 내면 듀오링고 콘텐츠를 무제한 이용할 수 있다. 무료 회원은 광고를 시청하는 방식이다.

이 외에 듀오링고는 영어테스트와 아이템 판매를 통한 매출도 쏠쏠히 올리고 있다.

현재 듀오링고 앱의 누적 다운로드는 5억 회를 돌파했으며, 월간 활성 이용자 수는 4,000만 명에 육박한다. 듀오링고의 매출은 매년 급격한 성장세를 보이면서 가장 성장률이 높은 에듀테크 업체로 성장했다.

2016년 100만 달러 매출은 2020년에는 1억6,100만 달러에 달했다. 설립 5년 만에 매출이 160배가량 성장한 것이다.

포브스가 분석한 바에 따르면 듀오링고 매출은 광고수익으로 50%, 인앱 구매 48%, 듀오링고 영어 테스트 2% 등으로 구성돼 있다. 2020년 말 기준으로 유료가입자는 160만 명에 이를 정도로 안정적이다.

듀오링고는 언어학습에 그치지 않고 에듀테크 관련 종합 서비스를 제공하는 토털 업체를 지향한다. 자사의 경쟁자는 넷플릭스나 유튜브

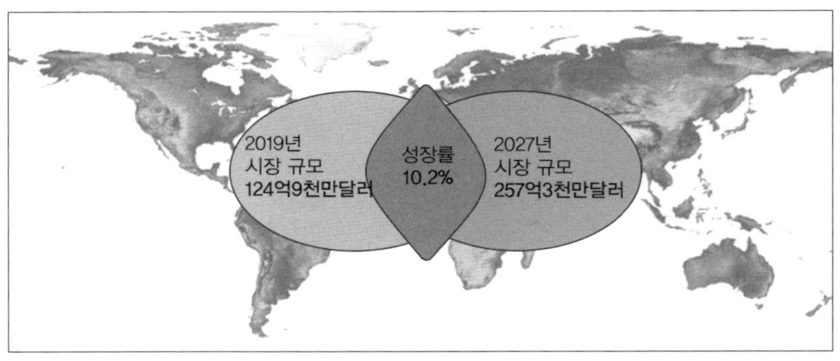

전 세계 온라인 언어 학습(Online Language Learning) 시장 전망 _출처: Verified Market Research

라고 공공연히 밝힐 정도다. 이를 위해 미취학 아동을 위한 교육 프로그램을 시작으로 다양한 서비스를 준비 중이다.

2020년 나스닥(NASDAQ)에 상장한 듀오링고의 기업가치는 33억 달러인 것으로 평가받고 있다.

평 점

서비스 능력 및 기술력	: ★★★☆☆
제품과 서비스의 혁신성	: ★★★☆☆
향후 시장성 및 성장성	: ★★★☆☆
Leadership	: ★★★★☆

Comment

코로나 팬더믹으로 재택 교육 확대, 게임 방식과 반복 학습방식, 다운로드 5억회

사이버리즌 Cybereason 38

EDR 솔루션 시장의 다크호스, 차세대 백신 개발 주력

- 2012년 이스라엘 출신 엔지니어 등이 설립
- 사이버 보안 EDR(Endpoint Detection and Response) 솔루션
- 누적투자액 7억1,400만 달러 유치
- www.cybereason.com

이스라엘은 전통적으로 보안 분야가 강한 나라다. 이스라엘 스타트업들 가운데 세계적인 경쟁력을 갖춘 기업들 가운데 상당 부분은 보안회사들이다.

이제 개인이나 기업들에게 사이버보안은 필수불가결한 요소다. 기업을 둘러싼 환경이 복잡해지고, 인공지능이나 클라우드 등 새로운 기술 도입이 잇따르면서 보안위협이 증가하고 있기 때문이다.

사이버리즌(Cybereason)은 각종 사이버 공격에 대응할 수 있는 해결책을 제시하는 사이버보안 회사로 2012년 이스라엘에서 설립됐다. 특히 사이버 보안 중 EDR(엔드포인트 탐지 및 대응, Endpoint Detection and Response) 솔루션에서 최고 성능을 자랑하는 회사다.

EDR은 컴퓨터 또는 모바일이나 대형컴퓨터, 서버 등에서 발생하는 각종 사이버 보안 위협을 실시간으로 분석하고 대응하는 솔루션을 의

미한다.

최근 보안 위협 가운데 사이버상에 스파이들이 출몰하면서 사이버리즌의 EDR 솔루션은 더욱 빛을 발하고 있다.

이스라엘 첩보부대 출신들이 2018년에 첫 선을 보인 사이버리즌의 EDR은 행동분석과 머신러닝을 통해 반복적으로 감지된 위협을 사전에 차단하고 예방하는 솔루션이다. 특히 관리자는 사이버 공격의 세부 정보를 알기 쉽게 확인할 수 있는 있는데 화면상으로 사이버 공격의 주요 루트를 실시간으로 모니터링한다.

모니터링 방식은 한눈에 알아볼 수 있는 시각화에 있다. 이를 통해 공격 행위 전반에 대한 신속한 파악이 가능해 분석시간과 대응시간을 크게 단축한다.

사이버리즌의 솔루션 경쟁력은 속도 면에서 탁월하다는데 있다. 실시간 공격에 즉각 대응하려면 반응속도가 빨라야 하며, 그래야 적절한 대처도 동시에 가능하다.

속도 면에서 사이버리즌은 경쟁사 대비 100배 빠르다고 주장한다. 사이버리즌의 EDR은 단말 데이터를 수집하는 센서, 수집데이터를 저장하고 처리하는 서버로 구성돼 있다.

사이버리즌의 또다른 경쟁력은 고객 맞춤형 보안 시스템을 구현한다는데 있다. 가령 어떤 기업이 사이버리즌의 보안 솔루션을 구입하는 경우 고객 환경과 시스템 구성, 컴퓨터 성능에 맞춰 전략적인 보안 환경을 구축하도록 지원한다. 이는 사이버리즌 제품이 클라우드 서버와 내부망 설치가 가능한 구축형 서버를 동시에 제공하고 있기 때문에 가능하다.

또한, EDR에 이어 차세대 백신인 NGAV(Next-Generation Antivirus)도 출시했는데 이 제품은 멀웨어나 랜섬웨어, 파워셸을 이용한 외부 공격을 차단한다.

사이버리즌은 코로나로 인한 재택근무가 늘면서 2021년에 XDR(Extended Detection and Response) 관련 수요도 크게 늘었다고 밝혔다. XDR은 재택근무하는 보안 직원이 원격으로 엔드포인트와 네트워크를 보호하는데 유용한 해결책을 제시한다.

현재 EDR 분야에 대한 수요가 많아지면서 사이버리즌은 전 세계적으로 400여 개의 사례를 구축하고 있다.

주요 고객만해도 록히드 마틴을 비롯 소프트뱅크, 위프로 등 대형고객들이다.

이스라엘 텔하비브 외에 일본, 영국, 한국 시장에도 진출하는 등 세

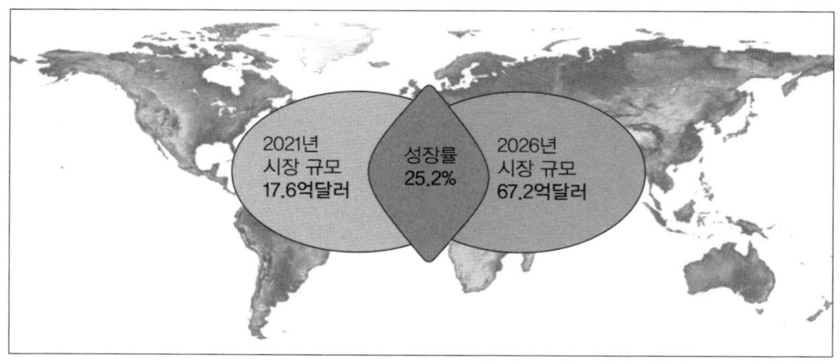

전 세계 EDR(Endpoint Detection and Response) 시장 전망 _출처: Mordor Intelligence

계 시장 진출도 서두르고 있다.

현재까지 누적 투자금액은 소프트뱅크 등 10여 개 기관으로부터 7억1,400만 달러를 유치하기도 했다. 현재 기업가치는 33억 달러다.

EDR 시장의 강자 사이버리즌은 트렌드마이크로, 맥아피 등 전통적인 사이버 보안 회사들을 긴장시키고 있다.

평 점

서비스 능력 및 기술력	: ★★★★☆
제품과 서비스의 혁신성	: ★★★☆☆
향후 시장성 및 성장성	: ★★★☆☆
Leadership	: ★★★★☆

Comment

점점 증가하고 고도화되는 사이버 공격, EDR 솔루션 차별화, 고객 최적화 솔루션

바워리파밍 Bowery Farming 39

수직 및 정밀 농법으로 스마트 팜 시장 개척

- 2015년 미국에서 설립
- 스마트팜을 활용한 작물 재배
- 누적투자액 4억8,820만 달러
- boweryfarming.com

기후변화에 대한 사람들의 관심이 높아지고 있다. 최근 몇 년간 전 세계는 코로나19 외에도 집중 폭우와 폭염 등의 기상이변으로 농작물 피해가 기하급수적으로 느는 추세다. 이상 기후를 방치했다가는 조만간 식량문제가 가장 큰 사회적 문제로 대두될 형국이다.

기후변화가 세계를 강타하면서 전통적인 산업인 농업 분야에서 획기적인 기술을 통해 종전의 농사 방식을 변화하려는 움직임들이 활발하다.

식량 위기가 곧 현실이 되가는 요즘, 환경을 보호하며, 농업 생산성을 극대화하는 기술로 스마트팜(Smart Farm)이 주목받는 이유다. 특히 친환경적인 농작물 배양에 많은 이들이 관심을 보이기 시작하면서 빅데이터니, IoT 센서 기술 등이 농업 분야에 본격적으로 적용되면서 스마트팜 스타트업들의 주가도 높아지고 있다.

이들 스마트팜 스타트업들은 기후에 얽매이지 않은 재배 기술과 공간 효율성을 극대화하는 한편 농업 생산성을 제고시키는 방향에서 한층 주목받고 있는 것이다.

스마트팜은 시간과 공간의 제약없이 원격에서 자동으로 농작물의 생육환경을 관측하고 최적의 상태로 관리하는 IT 기반의 농업 방식을 의미한다. 이를 통해 농산물의 생산량을 높이는 한편 예측 기술을 활용해 최적화된 생산이나 관리를 할 수 있다.

이를 위해선 수확시기와 수확량 예측까지 가능하도록 기술적인 뒷받침이 필요하다. 주로 사용되는 스마트팜의 원리는 생육환경을 유지관리하는 소프트웨어, 환경 정보를 모니터링하는 기술과 원격에서 자동으로 냉/난방기 구동이나 창문 개폐 등이 가능한 관리 기능이 요구된다.

전 세계적으로도 수경재배 등 스마트팜을 미래 핵심 동력으로 삼은 국가들이 늘고 있다.

더욱이 코로나19 팬더믹 등으로 이같은 친환경 농작물 수요가 늘어나면서 스마트팜 기업들의 몸값도 치솟고 있다.

스마트팜 기업들 가운데 가장 유망한 기업으로는 미국 뉴욕에 본사를 둔 바워리파밍(Bowery Farming)이 있다.

2015년 설립된 이 회사는 수직 농법과 정밀농업을 융합한 기술로 주목받고 있는데, 여기서 수직농법이란 실내 공간에 다층 선반을 이용해 농작물을 재배하는 시스템을 말한다.

공간 효율성을 한층 높일 수 있을 뿐 아니라 여러 작물을 동시에 재배할 수 있다. 정밀농업은 정보통신기술을 이용해 온도나 습도 등 작물이 잘 자랄 수 있도록 주변 환경을 인공적으로 제어하는 기술이다.

특히 바워리파밍의 BowerOS는 소프트웨어, 하드웨어, 센서, 컴퓨터 비전 시스템, AI 및 로봇공학을 통합해 전체 프로세스를 총괄하는 역할을 한다.

현재 바워리파밍이 재배한 잎채소는 유기농 식품 전문 슈퍼마켓 체인을 비롯해 홀푸드마켓, 월마트, 자이언트 등 미국 내 850여 개 식료품점에 납품되고 있다. 또한, 아마존을 통해 이마켓플레이스에서도 판매되고 있다.

매년 큰 폭의 성장을 거두고 있는 바워리파밍은 잎채소 매출이 300% 이상 고성장을 거두고 있다고 밝혔다.

현재 기업가치도 수직상승해 23억 달러에 달한다. 특히 삼성전자와 구글에서 리더 역할을 했던 미국 노스캐롤라이나 주립대 교수 출신의

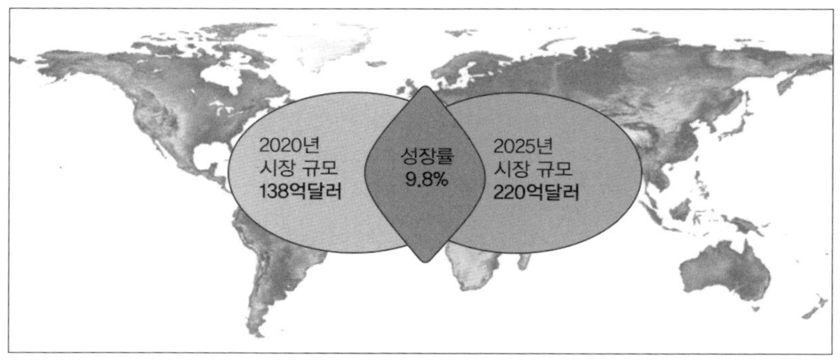

전 세계 스마트 팜(Smart Farm) 시장 전망 _출처: Markets & Markets

한국인 이인종 씨가 최고 기술책임자로 영입돼 세간의 관심을 끌기도 했다.

바워리파밍은 향후에도 스마트팜 농장을 다양한 지역으로 확대해 단순히 잎채소를 넘어 작물 재배까지 범위를 넓혀 나간다는 전략이다. 이를 통해 무농약, 무공해를 원하는 소비자들의 입맛을 충족시키는 스마트팜 회사로 성장한다는 게 목표다.

평 점

서비스 능력 및 기술력	: ★★★★☆
제품과 서비스의 혁신성	: ★★★★☆
향후 시장성 및 성장성	: ★★★☆☆
Leadership	: ★★★★☆

Comment

이상 기후와 식량 위기, 정보통신기술을 활용한 농업 혁신, 스마트 팜 시장 리더

에버로우 Everlaw 40

혁신적 서비스로 리걸테크 시장 선점

- 2010년 미국에서 설립
- 법률회사나 공공기관, 기업들에 문서 분석 플랫폼 제공
- 누적투자액 2억9,860만 달러
- www.everlaw.com

보수적인 법조계에도 4차산업혁명 바람이 거세게 일면서 소위 리걸테크(Regal Tech) 시장이 주목받고 있다.

리걸테크는 법(Legal)과 기술(Tech)를 의미하는 표현으로 첨단 정보통신기술을 활용한 법률 서비스 시장을 의미한다.

단순하게는 텍스트로 구성된 법률 문서를 디지털로 전환하는 수준에서부터 인공지능 기술을 응용한 수준 높은 법률 서비스를 제공하는 분야까지 아우른다.

리걸테크 분야에는 각종 법률 관련된 판례나 법령 등을 검색하는 수준에서 문서를 작성하거나 번역을 담당하는 영역부터 실제 의뢰자와 변호사를 연계하는 O2O(Online to Offline) 서비스까지 다양한 분야에서 리걸테크 활용이 높아지는 추세다.

국내에서는 변호사 단체 반발로 리걸테크 시장이 일정부문 제약을 받고 있지만, 미국 등에서는 리걸테크 서비스가 보편화되는 추세를

보이고 있다.

2010년 설립된 클라우드 기반의 법률 서비스 기업인 에버로우(Everlaw)는 법률회사와 기업 및 정부 기관이 소송단계 중 특정 소송과 관련된 전자적으로 저장된 정보와 증거를 찾아주는 역할을 한다. 전자적 증거물(Electronic Evidence)에는 이메일을 포함해 디지털 문서, 데이터베이스, 각종 전자 파일, 오디오, 소셜 미디어 및 메타데이터 등이 포함돼 있다.

이처럼 전자적인 정보를 찾아내는 것을 전자 발견(Ediscovery)이라고 하는데, 이러한 과정은 꽤나 시일이 걸리고 골치 아픈 일들이 많다. 일반인들이 이같은 정보를 찾는 것은 현실적으로 힘들다. 하지만 에버로우는 관련 데이터를 식별하고 변수를 찾고, 필요 없는 정보를 걸러내는 필터링(Filtering) 과정은 물론 법정 증거로 채택될 수 있도록 전자 정보들을 재정리하는 작업을 수행한다.

전문적인 법률 서비스를 원하는 고객들에게는 더할 나위 없는 법률 조력자이자, 조수 역할을 하는 셈이다.

에버로우는 팀이 내부 조사를 주도하는 동시에 소송 결과에 좋은 영향을 미치기 위한 정보 수집 및 분석 작업을 수행한다. 주요 고객들은 기업 변호사, 소송대리인 등 소송 당사자들은 물론 정부부처나 공공기관 전담 변호사 등 다양하게 걸쳐있다.

에버로우 플랫폼에는 각종 문서를 클라우드로 업로드하는 기능이 있어 중앙에서 문서를 쉽게 검색하고 필터링할 수 있다. 특히 이메일 쓰레딩(Email Threading)이라는 고급분석 기능을 제공하고 있는데, 이 기능은 당초 순서대로 이메일을 쉽게 분석할 수 있으며, 데이터 시각화를 통해 다양한 문서들에 대한 통찰력을 얻을 수 있다.

또한, 이 모든 것은 100개 이상의 언어가 지원돼 텍스트를 자동으로 번역하는 한편 오디오나 비디오파일을 검색할 수 있는 머신러닝 툴이 지원된다.

특히 코로나 팬더믹으로 사회 각 분야에 디지털화가 진행되면서 전자 발견 시장은 2020년 93억 달러에서 향후 3년 내에 130억 달러 규모로 성장할 것으로 예측되고 있다.

현재 에버로우의 고객은 스노우플레이크(Snowflake), 코카콜라 유럽지사, 미국 50개 주 법무부가 고객일 정도로 정부나 민간기업 포함해 저명한 고객들을 두고 있다. 또한, 미국 내 상위 100대 로펌 가운데 91개사를 고객으로 확보했다. 에버로우는 리걸테크 기업 가운데 처음으

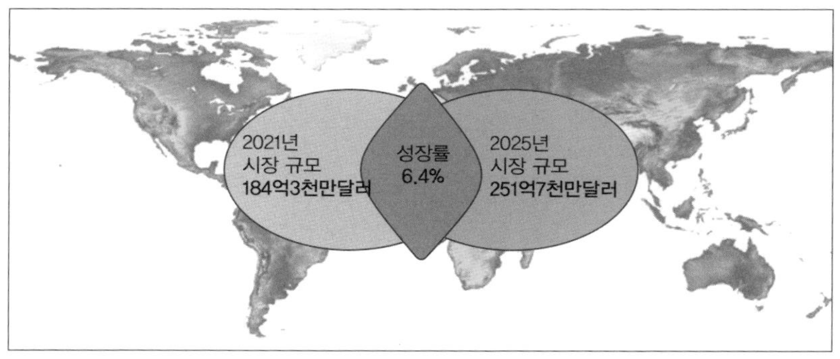

전 세계 리걸테크(Regal Tech) 시장 전망 _출처: Statista

로 유니콘 기업 대열에 합류했는데, 기업가치가 20억 달러로 평가받고 있다.

2021년도에 에버로우는 에버로우 리걸홀즈(Everlaw Regal Holds)와 스토리 빌더(Story Builder)를 새롭게 선보이는 등 제품 라인업을 강화하고 있다. 미국 내 클라우드 서비스 보안 인증인 FedRAMP를 획득하면서 플랫폼의 안전성에도 신경을 쓰고 있다.

평 점

서비스 능력 및 기술력 : ★★★☆☆
제품과 서비스의 혁신성 : ★★★☆☆
향후 시장성 및 성장성 : ★★★☆☆
Leadership : ★★★☆☆

Comment

리걸테크 시장의 첫 유니콘 기업 진입, 상위 100개 로펌 중 91개사 고객 확보

레모네이드 Lemonade 41

MZ세대가 선호하는 인슈어테크 스타트업

- 2015년 미국에서 설립
- 인슈어테크 분야 선두 기업
- 2020년 상장, 2021년 1억 달러 영업수익
- www.lemonade.com

혁신의 손길은 전 산업 곳곳에 미치고 있다. 특히 전통적으로 보수적인 색채가 강한 금융권에서 혁신의 바람은 거세다. 대표적인 게 보험업종에 불어 닥친 인슈어테크(Insuretech) 열풍이다.

인슈어테크란 보험(Insurance)과 기술(Technology)의 합성어다. 쉽게 말해 데이터 분석, 인공지능 등의 4차산업혁명 기술을 활용해 기존 보험산업을 혁신하는 서비스를 의미한다. 인슈어테크는 금융 분야에 새로운 혁신을 불러일으키고 있다.

컨설팅 기업 딜로이트(Deloitte) 에 따르면 미국의 경우 코로나로 전반적인 산업침체기임에도 불구하고 2020년 상반기 인슈어테크 분야에 22억 달러가 투자됐는데, 이는 2017~2018년 연간 투자금액에 맞먹는 규모라고 한다.

2015년 설립된 레모네이드(Lemonade)는 바로 인슈어테크 분야의 선두 기업이다. 기존 보험사의 영업방식이 주로 방문이나 전화, 이메일 등을 통해 순차적으로 가입하는 방식이라면, 레모네이드 보험은 인공지능과 빅데이터 등의 신기술을 이용해 빠른 보험 가입과 신속한 배상이라는 차별점을 내세운다.

이 회사는 상품 서비스와 관련해 인공지능 챗봇 마야(Maya)가 신속한 보험상품 가입을 도와주고, 짐(Jim)은 보상을 상담한다.

이 모든 절차는 스마트폰 하나로 충분하다. 직접 보험설계사와 만나지 않고도 간편하게 스마트폰으로 가입과 해지, 보상까지 가능하다.

보험 가입은 90초면 충분하다. 피해보상도 빠르면 3분 안에 이루어진다. 빠른 가입과 신속한 보상을 원하는 고객들에게 인기 만점이다. 젊은 세대들에게 그렇다. 현재 레모네이드 고객의 70%는 35세 미만이 대부분이다. 향후 잠재력도 크다.

레모네이드 보험사가 제공하는 보험서비스로는 주택보험, 종신보험 외에 반려동물 보험, 대여 보험 등 특이한 보험도 있다. 이러한 보험상품들은 기존 보험사들이 제공하던 것과 차원이 다르다.

단적인 예로 펫 보험인 경우 고양이, 개들이 질병에 걸렸을 때 MRI, CT 등을 찍을 수 있는 보험서비스다. 사실 펫보험은 기존 보험사들이 크게 취급하지 않았다. 고가라는 인식이 큰 데다 굳이 반려동물용 보험까지 들 필요가 있냐라는 생각 때문이다. 보험 가입금액은 다른 보험사들이 월 25달러지만, 레모네이드 보험은 월 12달러만 내면 된다. 수수료도 없다.

레모네이드가 주목받는 이유는 밀레니얼세대(MZ)에게 큰 호응을 받고 있기 때문이다. 이는 레모네이드가 일반적인 기업처럼 사익만 추구하지 않기 때문에 더욱 그렇다. 레모네이드는 가입자들이 본인의 잔여 보험금을 원하는 자선단체에 기부할 수 있도록 함으로써 공익적으로 활용할 수 있도록 했다. 환경문제와 사회적 기여에 관심 많은 젊은 세대들은 레모네이드에 가입함으로써 자연스럽게 '공공선(善)'에 동참한다는 생각을 갖게 한다.

지난 2020년 7월에 상장된 레모네이드는 빠르게 고객을 확보하고 있다. 경쟁사인 히포엔터프라이즈(Hippo Enterprises)가 주로 주택보험에 초점을 맞추고 있다면, 레모네이드는 보다 저렴한 보험료를 차별화 전략으로 삼고 있다.

레모네이드의 영업수익은 2019년 6,700만 달러에서 2021년에는 약 1억 달러로 예상되고 있다. 현재 기업가치는 18억 달러이다.

미국에서 보험업종은 절대 강자가 없는 분야다. 실제 미국에서 주

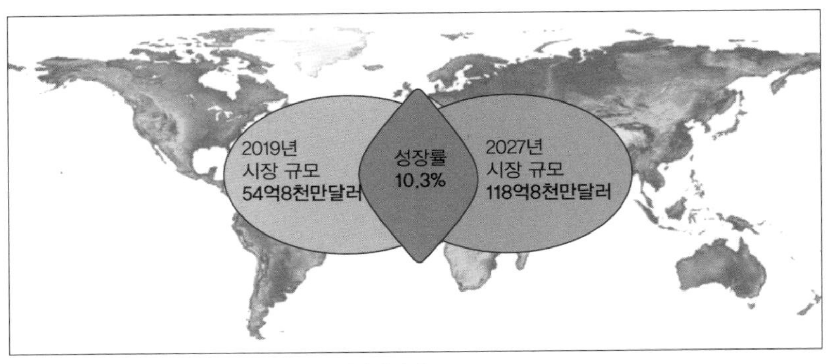

전 세계 인슈어테크 시장 전망 _출처: 퀄리킷리서치

택보험시장에서 시장 점유율이 10%가 넘는 기업은 스테이트팜(State Farm) 1개사뿐이다.

상위 10개 보험사 점유율이 60%이다. 특히 상위 4대 보험사의 평균 업력은 108년에 달할 정도로 기존 보험사의 기득권이 강한 시장이다. 바로 이 고착화된 시장에 신생 보험사인 레모네이드가 첨단 디지털 기술을 무기로 빠른 성장세를 보이고 있다는 점은 놀랍다.

평 점

서비스 능력 및 기술력	: ★★★☆☆
제품과 서비스의 혁신성	: ★★★☆☆
향후 시장성 및 성장성	: ★★★☆☆
Leadership	: ★★★☆☆

Comment

혁신의 사각지대에 있던 전통 보험시장에 첨단 디지털 기술로 무장, 사회적 기여에 충실한 기업 이미지, MZ세대 인기

베너블런트AI BenevolentAI 42

AI 기반의 신약 개발 분야 혁신 기술 선배

- 2013년 영국 런던에서 설립
- AI 기반의 신약개발
- 2억9,200만 달러 투자 유치
- www.benevolent.com

코로나 팬더믹으로 전 세계가 악몽에 빠져있는 최근, 영국의 AI 스타트업 베너블런트AI(BenevolentAI)는 코로나 치료에 필요한 신약개발 분야의 선두 업체로 부상하고 있다.

영국 런던에 본사를 두고 있는 베너블런트AI는 2013년에 브렌트 구텐컨스트(Brent Gutekunst), 이반 그리핀(Ivan Griffin) 등이 공동으로 설립했다.

영국 케임브리지와 벨기에, 뉴욕에 지사를 두고 있으며 300명 이상의 과학자들과 기술자들이 신약개발 업무에 종사하고 있다.

베너블런트AI는 인공지능 및 기계 학습 기술을 개발하고 적용하는 생물 정보학(Bioinformatics) 분야의 스타트업이다.

이 회사는 과학 정보 분석을 가능하게 하는 AI 기술인 판단 증강 인지 시스템(Judgment Augmented Cognition System)을 개발, 연구원과 과학자들에게 인간 건강 탐구의 분석 도구를 제공하고 있다. 베너블런트

AI는 AI와 머신러닝을 유전체학에 적용, 의약품이 설계되고 개발되는 방식을 바꾼다.

베너블런트AI의 기술은 복잡한 생물학적 코드를 해독해 환자에게 맞춤형 의약품을 제공하는 데 있다. 또한, AI를 활용해 현재 불치병에 대한 새로운 치료법도 연구 중이다.

베너블런트AI는 통상 8년 걸리던 신종 질병 치료약물 식별을 AI 기술을 활용해 일주일로 단축시키는 놀라운 기술을 선보였다. 이 회사는 고급 AI와 첨단 과학을 결합해 질병 생물학을 해독하고 새로운 통찰력을 제공해 보다 효과적인 의약품 개발에 나서고 있다.

베너블런트AI는 비즈니스적으로 하이브리드(Hybrid) 비즈니스 모델을 추구하는데, 자체 협력 네트워크를 구축해 여러 제약사와 협력해 다양한 치료제 개발에 나서고 있다.

협력채널은 25개사에 달하는데 다양한 치료영역과 개발단계에 걸쳐 여러 기업과 협력 중이다. 또한, 임상적으로 검증된 접근 방식을 갖춘 AI 기반의 약물발견회사로 단 48시간 만에 코로나에 대한 용도 변경 약물 후보를 발견하기도 했다.

신약개발 시장에서 AI 활용은 매년 큰 폭의 성장세를 기록 중이다. 시장조사기관 데이터브릿지마켓리서치(Data Bridge Market Research)에 따르면 AI 기반의 신약개발 시장은 2027년까지 평균 40.5% 성장해 2027년도에 40억 달러에 육박할 것으로 예측되다.

베너블런트AI는 그 기술력을 대내외적으로 인정받고 있다. 의료

매거진 피어스테크크레엇(Fierce Medtech's 2020 Fierce)에서 선정한 질병 치료 분야에서 가장 획기적인 기업 가운데 하나로 선정되기도 했다.

특히 코로나 팬더믹 시대에 가장 주목받는 바이오 테크 기업이라는 점에서 향후의 성장성도 높게 평가받는다. 코로나19 같은 전염병은 언제든지 새롭게 등장하게 될 것이고, 이같은 전염병 치료제 개발에 AI가 적용되는 분야는 향후에도 지속적으로 늘어날 것이기 때문이다.

베너블런트AI를 포함해 다양한 의료 기반 스타트업들은 코로나19 팬더믹 상황에서 기업가치가 더 높아지는 추세이다.

혁신적인 스타트업들의 등장이 잇따르고 있는 데다, 그 무한한 성장가치를 인정받고 있기 때문이다.

2018년에 1억1,500만 달러를 투자받았으며, 2019년도에 9,000만 달러를 투자받는 등 총 2억8,000만 달러를 투자받았다. 현재 기업가치

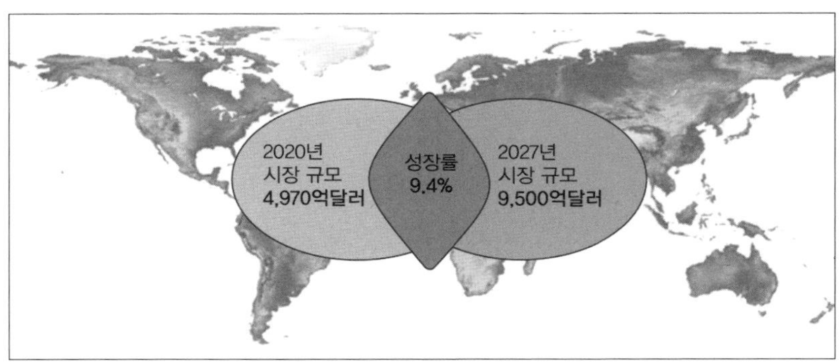

전 세계 Biotech 시장 전망 _출처: Global Market Insight

는 17억5,000만 달러로 평가받고 있다.

전 세계 의료 기술(Med Tech) 분야 25개 유망 스타트업으로도 선정된 베너블런트AI의 향후 전망은 밝다.

평 점

서비스 능력 및 기술력	: ★★★☆☆
제품과 서비스의 혁신성	: ★★★★☆
향후 시장성 및 성장성	: ★★★★☆
Leadership	: ★★★☆☆

Comment

첨단 AI 기술력, 언제든 나타날 전염병, 역설적으로 회사의 미래는 밝아

H2O.ai 43

기업 AI 활용을 원활하게, AutoML 시장 다크호스

- 2012년 미국 캘리포니아에서 설립
- AI 기반의 기술 서비스(AutoML)
- 2억5,100만 달러 투자 유치, 매출 4,100만 달러
- www.h2o.ai

AI 시장은 지난 몇 년간 가장 높은 고성장을 기록했다. 하지만 AI를 기업의 업무 분야에 적용하는 움직임은 여전히 난관에 부딪혀 있다.

실제 기업들은 AI를 업무 밑단까지 활용하려고 구상하지만, 전략도 부족하고 인재도 부족한 현실에 마주치게 된다. 이런 점은 AI가 기업 환경에 녹아 들어가기에는 여전히 한계가 있음을 보여준다.

사람들은 AI로 새로운 세상을 꿈꾸면서도 정작 AI에 어떻게 접근해야 하는지, 어떤 기술을 확보해야 하는지, 어떤 인재를 확보해야 하는지에 대해 여전히 고민거리다.

오토머신러닝(AutoML) 전문기업인 H2O.ai는 바로 이런 기업들의 고민을 해소하는 기술에 전력했다. H2O.ai는 글로벌 인공지능 알고리즘 제공업체로서 오토머신러닝 플랫폼인 드라이버리스 AI(Driverless AI) 솔루션을 제공하고 있다.

오토머신러닝 기술은 머신러닝에 필요한 리소스를 제작하고 발굴하는 작업까지 로봇으로 대체하는 기술이다. 사람 대신 AI가 고도화된 AI를 개발하는 셈이다. 기업이 머신러닝에 액세스 할 수 있도록 지원해, 금융서비스, 보험, 의료 분야 사용자들은 머신러닝이나 또는 튜닝에 대한 사전 지식 없이도 데이터에서 주요 정보를 추출 할 수 있다.

데이터를 가공해 유의미한 결과를 도출하려면 그 전에 데이터를 분석하기 좋게 만드는 모델링 작업을 해야 한다. H2O.ai는 길게는 2~3주 걸리던 데이터 모델링 시간을 5~10시간으로 단축하는 획기적인 플랫폼을 보유하고 있다.

즉, H2O.ai가 지향하는 비전은 모든 사람이 AI에 액세스해 그들의 상상력을 현실화시키는 필수적인 도구를 제공한다는 데 있다. 지난 9년여간의 기술 개발로 H2O.ai의 오픈소스 데이터 및 머신러닝 플랫폼은 포춘 500대 기업 가운데 절반이 넘는 기업이 활용하고 있다.

이 회사의 드라이버리스 AI 플랫폼은 AI 인재와 관련 기술이 부족한 기업들에게 다양한 이점을 제공한다.

이 제품 출시 이후 H2O.ai 고객은 3배 이상 증가한 것으로 나타났다. 드라이버리스 AI 플랫폼은 비전문가도 사용 가능할 수 있도록 머신러닝 알고리즘에 대해 배우지 않아도 필요한 데이터에 접근할 수 있다.

사람의 관여를 최소화하는 셈이다. 이 제품은 AI가 판단한 이유를 알 수 없는 블랙박스 AI와 대비되는 설명 가능한 AI를 최초로 상용화한 제품이다.

전문가들은 이 제품이 여러 가지 난해한 분석에 대해 대체모델을 이용, 복잡한 모델을 단순한 접근을 통해 쉽게 해석하는 데 탁월하다고 주장한다.

골드만삭스(Goldman Sachs)는 기업들이 AI를 통해 충분한 ROI(Return of Investment)를 입증하기 시작하는 순간, 기업의 AI 도입은 가속 단계에 진입할 것이라고 주장한 바 있다. 때문에 드라이버리스 AI 플랫폼은 충분히 시장성을 담보한 제품이라는 것.

골드만삭스와 웰스파고(Wells Fargo), 엔비디아(NVidia)는 이 회사의 미래 가능성을 보고 투자를 단행한 바 있다. 이미 포춘 500대 기업 가운데 절반 이상의 고객을 확보했다. 이베이, 캐피탈원, 컴캐스트 등이 H2O 제품을 쓴다.

H2O.ai는 2018년도에는 가트너가 선정하는 데이터 사이언스 및 머신러닝 플랫폼 부문 매직쿼드런트(Magic Quadrant)에서 '시장 리더'까지

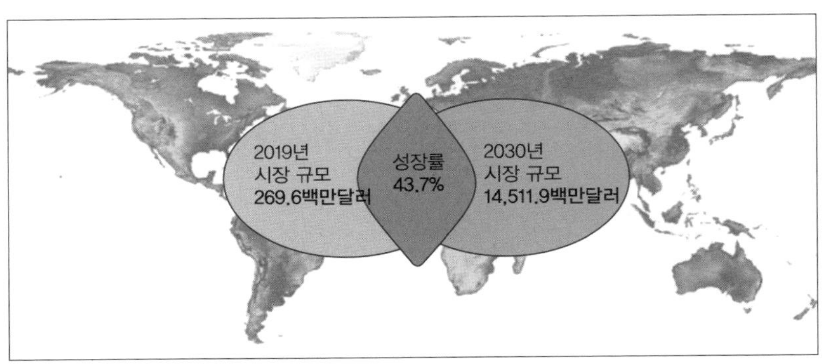

전 세계 AutoML 시장 전망 _출처: P&S Intelligence

올랐다는 평가를 받은 바 있다.

국내에서는 2019년에 신한은행이 드라이버리스 AI를 도입해 인공지능 기반의 다양한 서비스를 개발하고 있다.

터키 최대 민간은행인 이즈뱅크는 사업 계획의 정확도를 높이기 위해 H2O의 드라이버리스 AI 플랫폼을 채택해 소득 예측, 현금 예측 및 기본 예측 확인 애플리케이션을 업그레이드하기도 했다.

2020년에 한국에도 지사를 설립한 H2O.ai는 최근 파워젠과 비즈니스 업무 협약을 체결해 국내 인공지능 생태계 조성과 AI 구현을 위한 데이터 전처리, 라벨링 분야에 RPA(Robotic Process Automation)를 적용하는 한편 산업 분야별 AI 구현과 비즈니스를 공동으로 발굴하고 있다.

2020년 H2O.ai는 200% 넘게 성장했고 특히 아시아, 태평양 지역에서 50개 이상의 고객을 확보하면서 빠른 확장세를 보이는 중이다.

평 점

서비스 능력 및 기술력	: ★★★☆☆
제품과 서비스의 혁신성	: ★★★☆☆
향후 시장성 및 성장성	: ★★★★☆
Leadership	: ★★★☆☆

Comment

H20.ai를 통해 AI 기술은 이제 전문가만의 영역이 아닌 누구나 접근 가능

스트라타시스 Stratasys 44

3D프린팅 시장의 개척자, 재도약 위한 날개짓

- 1989년 설립, 미국과 이스라엘 합작법인
- 폴리머 소재 방식의 3D프린터 생산 및 판매
- 2021년 매출 5억8,000만 달러
- www.stratasys.com

소품종 대량생산 시스템은 전통적인 제조 산업의 보편화된 방식이었다. 재료를 가공하거나 깎아서 만드는 방식인 이 제조 방법은 공산품이나 대량의 물건을 짧은 시간에 만들어내는데 필연적인 생산 방식이다. 일정한 틀 안에 같은 형태와 동일한 재료를 넣어 만든 상품을 대량으로 생산해 내는 방식은 자본주의 역사와 그 맥을 같이한다.

하지만 시대가 변하고 있다. 동일한 용도로 쓰이는 물건이라도 지금 시대는 본인의 취향과 기호에 맞는 차별화된 물건을 갖기를 원한다. 소량이지만 개성을 담은 제품을 만드는 다품종 소량생산체제로의 전환은 바로 3D프린팅 기술의 발달과 함께한다.

3D프린팅 방식은 맞춤형 제품개발은 물론 생산과정에 들어가는 비용이나 시간도 단축한다. 3D프린팅이 차세대 제조 혁명이라고 다소 과장 섞인 찬사가 이어지는 이유다.

이제 3D프린팅은 실험실에서 테스트용으로 쓰던 단계를 벗어나 각

산업에 적용되기 시작했다. 자동차, 항공우주 등 부품이 수만 개 필요한 분야에서 3D프린팅은 유용하게 쓰이고 있다. 바로 3D프린팅 시장을 개척한 선구자이자 가장 주목받는 기업이 바로 스트라타시스(Stratasys)이다.

1989년 설립돼 30여 년의 역사를 자랑하는 스트라타시스는 미국과 이스라엘이 합작해서 만든 합작법인으로, 3D프린터와 3D생산시스템을 판매하는 3D프린팅 업계의 원조라 할 수 있다.

자동차, 항공우주 및 주요 제조업을 포함해 의료 및 소비재 제품 생산에 시제품을 만들거나 직접 디지털 생산 시스템을 만든다.

스트라타시스는 스마트한 3D프린터와 폴리머 재료, 소프트웨어 에코시스템 및 주문형 부품을 통해 오늘날 세계적인 3D프린팅 업체로 성장할 수 있었다.

1992년 첫 제품인 3D모델러를 출시한 이후 다양한 산업 분야에 3D 제품을 판매해 왔다. 스트라타시스의 3D제품은 크게 FDM(Fused filament fabrication) 방식과 Polyjet 방식으로 나누어져 있는데, FDM 방식의 3D프린터는 이미 다양한 산업 분야에 적용돼 오늘날의 스트라시스를 3D프린터 업계 1위로 만드는데 기여했다.

또한 2012년 인수한 오브젯사의 방식인 Polyjet 방식은 여러 가지 소재를 함께 사용해서 만든 방식이다. 이외에 최근 스트라타시스는 다른 3D프린터를 판매하고 있다.

스트라타시스 제품의 장점은 오랫동안 쌓아온 명성에다 기술력이 축적돼 있고, 여러 스타트업 인수를 통해 새로운 3D프린팅 기술들을 기존 제품에 접목하고 있다는 점이다. 특히 앞서 언급한 것처럼 소품종 대량생산 시대가 도래하면서, 3D프린팅에 대한 쓰임새가 널리 확대되고 있는 것도 긍정적이다.

3D프린팅은 부품 생산에서부터 지금은 의료 분야 등 전문영역에서도 널리 활용되고 있다. 종전 방식으로 의료장비를 개발하기에는 많은 비용과 시간이 소요된다면 3D프린팅 방식은 훨씬 사용자 친화적이며, 저렴한 비용으로 장비 개발을 할 수 있다는 장점을 제공한다.

하지만, 3D프린팅 시장 경쟁이 격화되면서 HP, GE 등 대기업들이 시장에 참여하고, 카본(Carbon)이나 데스크톱메탈(Desktop Metal)같은 스타트업들이 이 시장에 진출하면서 3D프린팅 시장에서 한때 75%까지 넘나들던 스트라타시스의 시장 점유율은 하락세를 보이기도 했다.

1994년 NASDAQ에 상장한 스트라타시스는 2012년에 이스라엘

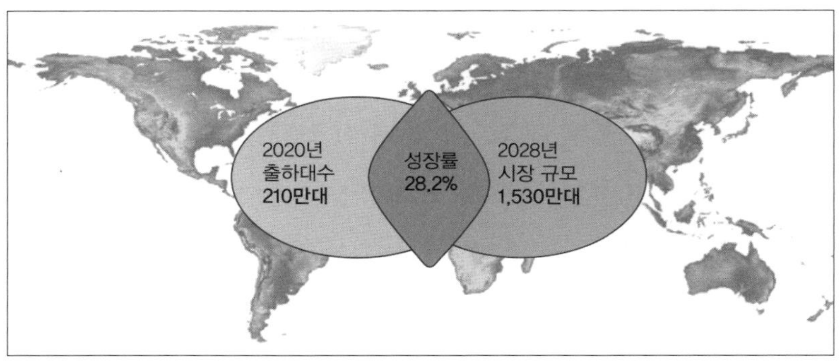

세계 3D프린터 시장 전망_ 출처: Grandview Research

3D프린터 업체인 오브젯과 합병해 오늘날의 스트라타시스가 됐다.

경쟁사들의 강력한 추격으로 2014년 7억5,000만 달러에 달하던 매출은 2020년 5억2,000만 달러까지 떨어졌으나, 2021년 매출은 5억 8,000만 달러로 다시 회복세를 보이고 있다. 현재 기업가치는 14억 8,000만 달러에 달한다.

평 점

서비스 능력 및 기술력	: ★★★☆☆
제품과 서비스의 혁신성	: ★★★☆☆
향후 시장성 및 성장성	: ★★★☆☆
Leadership	: ★★★★☆

Comment

오랫동안 3D프린팅 시장을 개척한 선구자, 성장 모멘텀을 찾을 것인지 귀추가 주목

글로시에 Glossier 45

뷰티테크 시장 주도, VoC가 마케팅이자 연구개발 원천

- 2010년 미국에서 설립
- 뷰티테크 업종(화장품 판매)
- 누적투자액 2억6천640만 달러
- glossier.com

IT가 뷰티업종에 접목된다? 아름다움을 추구하는 것은 인간의 본성이라고들 한다. 아름다움을 향한 인간의 욕구는 태초부터 지금까지 변하지 않은 속성을 지니고 있다.

이른바 뷰티산업에도 4차산업혁명 기술이 적용되면서 이전과는 다른 새로운 혁신업종으로 재탄생 중이다.

우리나라에서도 최근에 미용이나 패션, 화장품 관련 업종들이 신기술을 도입해 소비자 만족도를 높이는 추세다. 미국의 뷰티 스타트업 글로시에(Glossier)는 SNS를 적극적으로 신제품 개발에 반영, 이 시대에 가장 성공한 뷰티 스타트업으로 떠올랐다.

원래 글로시에는 2010년에 블로그에서 출발한 독특한 이력을 가지고 있다. 블로그에 일반 소비자들이 화장품에 대한 여러 의견을 나눈 것을 아이디어 삼아 회사를 설립한 계기가 된 것이다.

소비자들은 자신이 얘기한 내용이 제품에 반영되면서 마치 자신의 브랜드인 것 마냥 애착을 갖게 되면서 회사는 승승장구 중이다.

이 회사 설립자이자 CEO인 에밀리 웨이스(Emily Weiss)는 2010년에 미용 관련 블로그를 운영한 파워블로거였다.

인투더글로스(Into The Gloss)라는 블로그를 운영하면서 에밀리는 소비자들이 화장품에 대한 인식이나 생각들을 주고받으면서 사업화를 꿈꾸게 됐고 글로시에를 창업, 미국에서 가장 주목받는 여성 사업가로 우뚝 섰다.

글로시에는 블로그 운영 시절부터 소비자 의견을 제품에 반영하기 위해 다양한 방식의 커뮤니케이션을 시도했다.

뷰티에 관심 많은 젊은 여성들은 글로시에 커뮤니티를 통해 메이크업에 대한 각자의 생각을 털어놓았다.

글로시에 커뮤니티는 소비자 요구를 분석할 수 있는 연구소이자 마케팅 도구였다. 그들이 개진한 의견들을 통해 나름의 확신을 얻은 글로시에는 자사 브랜드를 내걸고 화장품을 출시했으며, 첫 제품이 대박을 치면서 한층 자신감이 붙었다. 이후 글로시에는 승승장구의 길을 걷게 된다.

소비자 욕구를 즉각적으로 제품에 반영한 게 성공의 가장 큰 비결인 셈이다.

에밀리 웨이스는 글로시에 SNS에 소비자가 질문을 하면 모든 질문에 답변을 달았다. 고객들은 자신의 의견에 일일이 답하는 글로시에란 브랜드에 강한 충성도를 느끼게 됐다.

글로시에 브랜드가 뷰티 추구자들에게 각광받은 이유는 유니크한 전략 때문이기도 하다. 미국 소비자들의 50%는 화장품을 아마존에서 구입한다. 하지만 글로시에 제품은 오로지 글로시에닷컴(Glossier.com)에서만 구매가 가능하다.

에밀리 웨이스는 이를 글로시에만이 갖고 있는 '깊이와 연결성'에 있다고 진단한다. 즉 뷰티에 관심 많은 사람은 SNS를 통해 쇼핑하고, 구매는 전자상거래를 통해 이루어진다는 것. 글로시에는 자체 SNS를 통해 쇼핑하고, 자체 몰을 통해 구매하게 하는 원스톱 쇼핑과 구매를 동시에 지향했다.

게다가 글로시에 제품은 가격이 싸다. 중간 유통 과정이 생략된 D2C(Direct to consumer) 판매를 하기 때문이다.

브랜드에 대한 높은 충성도와 SNS를 통한 활발한 커뮤니케이션, 저렴한 가격, 소비자 의견을 제품개발에 반영하는 민첩성. 글로시에의 강력한 성공 도구는 그래서 더 주목받는다.

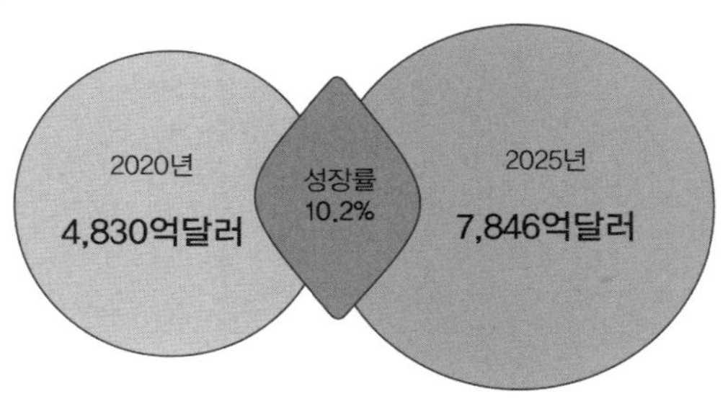

전 세계 뷰티&개인관리(Beauty & Personal Care) 시장 전망 _출처: common thread

글로시의 양대 축은 디지털 시스템 구축과 피지컬 프로덕트(제품 생산)이다. 디지털 시스템을 계속 업그레이드하면서 이를 제품개발에 효율적으로 이어지게 하는 것이 목표다.

2014년 만들어진 글로시에가 운영하는 글로시에닷컴(Glosier.com)은 현재 식품 및 개인관리(Food & Personal Care) 분야에서 미국 내 이커머스 업계 중 가장 많은 순 매출을 기록하고 있다. 영국에서도 두 번째로 순 매출이 높은 기업으로 성장했다.

2020년에는 1억3,000만 달러의 순 매출을 올리기도 했다. 설립 9년 만인 2019년도에 유니콘 기업으로 등극했으며 현재 기업가치는 12억 달러에 달한다.

평 점

서비스 능력 및 기술력	: ★★★☆☆
제품과 서비스의 혁신성	: ★★★☆☆
향후 시장성 및 성장성	: ★★★★☆
Leadership	: ★★★★☆

Comment

충성도 높은 고객, 저렴한 가격, 차별화 전략, SNS 마케팅 모범 케이스

점퍼 Zumper 46

프롭테크 서비스로 뉴노멀 시장 개척

- 2012년 미국에서 설립
- 부동산 렌탈 플랫폼 서비스
- 누적투자액 1억5,000만 달러
- www.Zumper.com

부동산(Property)과 기술(Technology)의 합성어인 프롭테크(Proptech) 서비스는 첨단 IT 기술을 기반으로 한 부동산 관련 서비스 산업을 의미한다. 특히 국내외적으로 스마트폰을 비롯한 정보기기 보급이 확산되면서 손안에서 손쉽게 부동산 정보를 검색할 수 있다는 장점 때문에 프롭테크 시장은 국내외적으로 가파른 성장세를 달리고 있다.

프롭테크는 단순히 실시간으로 부동산 정보만 수집하는 수준을 넘어서 프로젝트 개발이나 자금조달 방식, 이커머스 등과 연계되면서 사업 범위가 계속 확장 중이다. 여기에다 메타버스를 활용한 인테리어 등의 사업으로도 범위를 넓혀가고 있다.

부동산은 세계 공통으로 가장 큰 관심사 중의 하나로, 모든 나라에서 부동산 정보에 민감하다는 점은 프롭테크 시장이 커지는 주요인이 되고 있다.

프랑스 ESCP 경영대학원이 발간한 『글로벌 프롭테크 트렌드 2021』에 따르면 전 세계적으로 프롭테크 비즈니스를 하는 대형기업만 1만여 개에 달하는 데다, 프롭테크 스타트업에 투자된 금액만 100조 원이 넘는 것으로 알려지고 있다.

특히 북미 시장에서 프롭테크 기반의 스타트업들이 각광받고 있는데, 점퍼(Zumper)는 북미에서 가장 큰 주택 렌탈 중개 기업이다.

점퍼의 사업 모델은 일견 간단하다. 점퍼 앱(Zumper App)을 통해 주택을 새로 빌리는 고객들에게 적합한 주택을 합리적인 가격선에서 제공하는 중개역할을 한다.

한국의 직방 같은 기업인 셈이다. 주택구입을 원하는 임차인이나 매물을 내놓은 임대인은 실시간으로 매물과 금액을 확인할 수 있다.

우리나라보다 주택 임대가 활발한 미국에서는 점퍼 앱을 통해 주택을 빌리는 경우가 일반적이다.

점퍼 앱을 깔고 원하는 지역 정보를 입력하면 렌트 주택물량이 지도와 함께 개별 주택에 대한 다양한 정보를 검색할 수 있다.

거래되는 주택상품에 대한 상세한 자료도 확인할 수 있다. 금액은 물론 건축물에 대한 상세한 사진과 영상도 배치돼 있다. 만일 렌트료가 부족하다면 재정 지원을 받을 수 있는 안내문도 곁들여 볼 수 있다.

점퍼는 최신 기능도 추가했는데, 가상공간에서 아파트를 둘러볼 수 있는 온라인 투어와 비디오 스트리밍(Video Streaming), 3D 이미지 기능 등 주택을 다각도로 볼 수 있는 여러 기능을 지원한다. 또한, 신용카드나 체크카드를 이용한 원터치 방식으로 임대료를 지불할 수 있고,

애플페이를 통해 지불하거나 또는 은행에 직접 임대료를 송금할 수도 있다.

직접 방문을 할 수도 있고, 메시지를 통해 임대인과 임차인 간 비밀 대화도 가능하다. 점퍼의 강점은 방대한 주택 데이터베이스를 갖고 있다는 점이다. 단독주택부터 콘도 및 아파트 등 50만 호 이상의 주택을 검색할 수 있다.

점퍼는 최근 임차인과 임대 파트너와 직접 커뮤니케이션도 가능한 보안이 강화된 인앱 메시징을 출시했다. 이 새로운 메시지는 모든 대화를 특정한 곳에 저장할 수 있고, 모든 신청자료나 임대문서를 집주인과 공유해 쌍방향 원활한 의견교환도 가능하다.

더 나은 서비스를 위한 기술확보를 위해 그동안 점퍼는 실시간으로 렌탈 주택을 검색할 수 있는 스타트업 패드매퍼(PadMapper)를 인수한데 이어 렌탈 기술회사인 나우렌팅닷컴(NowRenting.com)을 인수하기도 했다.

점퍼 앱(Zumper App) 통한 지역별 매물 정보 안내 _출처: Zumper 웹사이트

사용자 친화적인 접근 방식과 앞선 기술을 가진 점퍼는 코로나 팬더믹으로 렌탈 시장 수요가 많아지면서 설립 10년 만에 미국 내 최고의 부동산 기술회사로 자리매김 중이다. 이미 『포브스』『뉴욕타임즈』『테크크런치』 등 저명한 매체에서 선정한 최고의 부동산 기술회사로 뽑히기도 했다.

점퍼 앱은 연간 1억7,500만 명이 방문하고 있으며, 포브스지 선정 2021년 최고의 스타트업으로 꼽혔으며, 2021년 블리팀SF((BuiltIn SF)가 선정한 '최고의 직장'으로 뽑히기도 했다.

점퍼의 기업가치는 현재 1억~5억 달러 내외로 평가받고 있는데, 다른 영역에 비해 비교적 저평가됐다.

평 점

서비스 능력 및 기술력	: ★★★☆☆
제품과 서비스의 혁신성	: ★★★☆☆
향후 시장성 및 성장성	: ★★★☆☆
Leadership	: ★★★☆☆

Comment

가장 일하기 좋은 기업, 베스트 스타트업, 1억7,500만 명 방문

제너두 Xanadu 47

포토닉스 방식의 양자컴퓨팅 기술 개발 차별화

- 2016년 캐나다 토론토에서 설립
- 클라우드 기반의 양자컴퓨팅 개발
- 1억3,600만 달러 투자 유치
- www.xanadu.ai

'무릉도원'을 뜻하는 제너두(Xanadu)라는 이름은 사실 1980년 인기 팝 가수 올리비아 뉴튼존이 출연한 영화 제목이면서 OST로 크게 히트했던 노래 제목이다. 그런데 최근에는 양자컴퓨팅 전문기업으로 캐나다의 스타트업인 제너두라는 이름이 명성을 얻고 있다.

제너두는 지난 2020년 양자컴퓨팅 클라우드 플랫폼을 출시해 주목을 받았다. 제너두는 자체 개발한 양자컴퓨터 칩셋인 포토닉스 프로세서를 활용해 클라우드 플랫폼을 구축했다고 밝혔다.

양자컴퓨팅 분야는 최근 가장 뜨거운 주목을 받고 있는 분야 중 하나다. 현존하는 슈퍼컴퓨터를 뛰어넘는 성능을 구현하는 꿈의 컴퓨터라고 불릴 정도다.

일반적인 컴퓨터는 0과 1로 이뤄진 비트(Bit)란 이름의 정보단위를 활용한다. 때문에 한 번에 하나만 처리가 가능해 대용량 데이터를 처리할수록 속도가 늦어지는 문제가 있다.

반면 양자컴퓨터는 0과 1을 동시에 지닐 수 있는 중첩의 특성을 가진 Qbit로 처리함으로써 슈퍼컴퓨터가 처리할 수 없었던 난제를 해결할 수 있다.

이미 일부 산업에 이같은 양자컴퓨팅 기술이 적용되고 있는데, 독일의 자동차 회사인 폭스바겐과 미국의 자동차 제조업체인 포드를 비롯, 제약회사인 머크(Merck)도 신약개발에 양자컴퓨팅 기술을 활용할 방법을 찾는 중이다.

이 뿐만이 아니라 화학, 재료, 에너지 분야를 비롯, 머신러닝 등의 분야에서도 양자컴퓨터 활용은 확대되고 있다.

이런 점 때문에 양자컴퓨터 개발에 IBM 등 글로벌 빅테크 기업들이 매달리고 있는 것이다. IBM은 127Qbit 개발에 성공한 데 이어 2030년까지 100만 Qbit 개발을 목표로 하고 있다.

이 외에도 구글, 아마존, MS 등이 양자컴퓨팅 기술확보에 적극 나서는 중이다.

시장 조사기관 BCC리서치에 따르면 글로벌 양자 컴퓨터 시장규모 역시 2022년 1억6,100만 달러에서 2027년까지 13억 달러 규모로 확대될 전망이다.

양자컴퓨팅 개발에는 빅테크 기업 외에도 아이온큐(IonQ), MS가 투자한 싸이퀀텀(Psiquantum) 등의 스타트업들이 잇따라 도전장을 내밀고 있다.

제너두는 캐나다 기업으로는 드물게 양자컴퓨팅 분야의 스타트업으로 메이저 업체들의 주목을 받고 있다. 이미 펀딩 금액이 1억 달러를 넘어섰으며, 기술력도 대내외적으로 인정받고 있다.

이 회사는 다양한 알고리즘을 실행할 수 있는 확장 가능한 광 양자칩(Photonic Quantum Chip)을 개발해 주목받았다.

포토닉스(Photonics) 방식은 전통적인 컴퓨터에서는 불가능한 계산을 수행하는 데 유용하다는 평가를 받았지만, 기술적 문제로 현실화가 어렵다는 인식이 있었다. 하지만 제너두는 포토닉스 기반 시스템에서 여러 알고리즘을 실행하고 확장 가능한 프로그래머블 양자 칩을 만듦으로써 업계의 주목을 받았다.

제너두의 양자컴퓨팅 플랫폼인 페니레인(PennyLane)은 2018년에 출시됐는데, 이 플랫폼은 장치와 무관하게 양자 플랫폼과 전통적 플랫폼에서 실행되는 AI 개발과 트레이닝용 오픈소스 프레임워크이다.

하지만 문제는 양자컴퓨팅 기술이 실제 산업현장에 확산시킬 정도

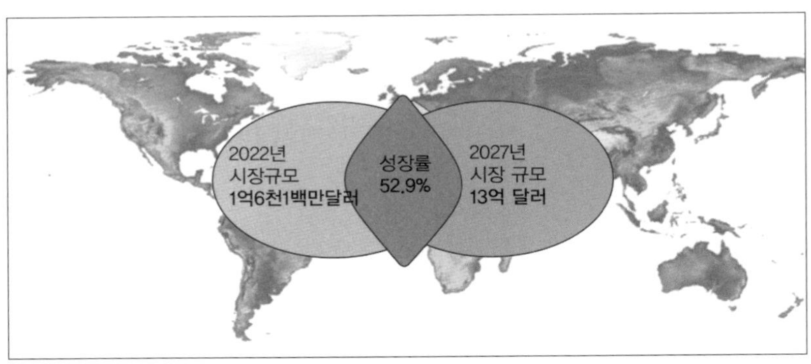

전 세계 양자컴퓨팅 시장 전망 _출처: BCC Research

로 수준이 올라와 있냐는 점이다. 때문에 여전히 양자컴퓨팅의 미래를 둘러싼 견해는 설왕설래다.

그럼에도 양자컴퓨팅은 클라우드의 미래가 될 것이란 낙관적 전망이 지배적이다.

평 점

서비스 능력 및 기술력	: ★★★★☆
제품과 서비스의 혁신성	: ★★★☆☆
향후 시장성 및 성장성	: ★★★★☆
Leadership	: ★★★☆☆

Comment

양자컴퓨팅의 미래는 밝지만, 여전히 기술 수준은 아카데믹한 수준에 머물러 있음. 하지만, 양자컴퓨팅이 산업에 보편화되게 적용될 때 발전 속도는 매우 빠를 것으로 예상

패스로보틱스 Path Robotics 48

용접 로봇에 특화, 지능형 로봇 개발 목표

- 2014년 미국 오하이오주에서 설립
- AI기반의 자율형 용접로봇 개발
- 누적 투자액 1억7,100만 달러, 연간 2,900만 달러 매출
- www.path-robotics.com

로봇이 일상생활에 영향을 미치는 범위는 더욱 넓어지고 있다. 여기에 인공지능이 접목된 지능화된 로봇은 산업 각 분야에 접목돼 단순반복적인 업무를 대체하는 상황에까지 이르고 있다. 특히 코로나 팬더믹은 로봇의 실제 적용을 더 촉진시키는 계기가 되고 있다.

숙련된 노동자를 고용해야 하는 제조업 생산 현장에서 근무 인력의 이탈이 심각해지면서 자동화된 수준을 넘어선 지능화된 로봇에 대한 수요가 높아지는 것은 당연한 현상이다.

용접로봇 제조업체인 패스로보틱스(Path Robotics)는 갈수록 심해지는 용접 인력부족 현황을 상쇄할 로봇제조업체로 떠오르고 있다.

미국을 비롯해 많은 나라에서는 숙련된 용접 인력 부족 현상에 시달리고 있다. 미국만 하더라도 2024년까지 약 40만명의 용접 인력이 부족할 것으로 예상된다. 게다가 용접 전문인력의 수는 매년 감소하고

있다는 사실이다. 사람들이 위험하고 힘든 일을 꺼려하기 때문이다.

패스로보틱스를 설립한 알렉스 론스베리(Alex Lonsberry)는 바로 이 점을 주목했다.

용접은 공장에서 필수적인 영역인 반면, 워낙 터프하고 힘든 일이라 이 일을 계속 하겠다는 젊은이들은 없었다. 이것을 로봇이 수행한다고 하면 그것은 공장을 운영하는 제조업체 입장에서는 더할나위없는 희소식인 셈이다.

2014년 미국 오하이오에서 설립된 패스로보틱스는 자율적이고 지능적인 용접용 로봇을 만드는 세계 유일의 기업이다.

패스로보틱스의 자율형 용접로봇은 전용 스캐닝과 컴퓨터 비전 기술을 사용해 서로 다른 구성품을 인지하고 조정한다.

각각의 구성품을 3D 모델로 스캐닝하고 용접이 필요한 위치를 스스로 인식해 정확히 처리하는 지능형 기반으로 구성돼 있다.

이 자율로봇은 엔지니어의 도움이나 별도의 프로그래밍없이 필요로 하는 용접 부위를 인식해 깔끔하게 용접처리를 한다. 그만큼 사용하기 쉽다.

패스로보틱스는 좀더 효율적인 작업 수행을 위해 인공지능, 머신러닝 및 컴퓨터 비전 시스템을 개발하고 있다.

이 회사의 AI기반의 지능형 용접 로봇은 그 가치를 일찌감치 인정받아 수많은 투자를 이끌어냈다. 이 회사의 용접로봇 기술은 공장에서 숙련된 인력만이 처리할 수 있었던 기존 프로세스를 해결하는데 중요한 역할을 한다.

차세대 머신러닝 기술이 활용된 패스로보틱스의 제품은 제조현장에서 인간이 수행하는 단순하고 반복적인 업무를 로봇이 대체하고, 인간은 좀더 복잡한 문제에 매진할 수 있도록 로봇과 인간의 업무 역할을 본질대로 처리할 수 있는 스마트한 로봇 공장을 구현한다는 데 있다.

특히 패스로보틱스가 위치한 오하이오주는 발달된 제조업과 혁신적인 인재들로 구성된 좋은 환경을 갖추고 있다. 오하이오주 콜럼버스라는 지역에는 잘 훈련된 산업IoT(IIOT) 인재들이 준비돼 있어 패스로보틱스의 사업 여건도 우수하다.

이 회사는 3차원 스캔기술을 이용해 공장에서 필요한 용접 기술을 로봇에 입력해줌으로써 많은 중소기업들에게 로봇을 통해 인력난을 해결할 수 있다.

지금은 단순히 용접용 로봇에 포커스를 맞추고 있지만 패스로보틱

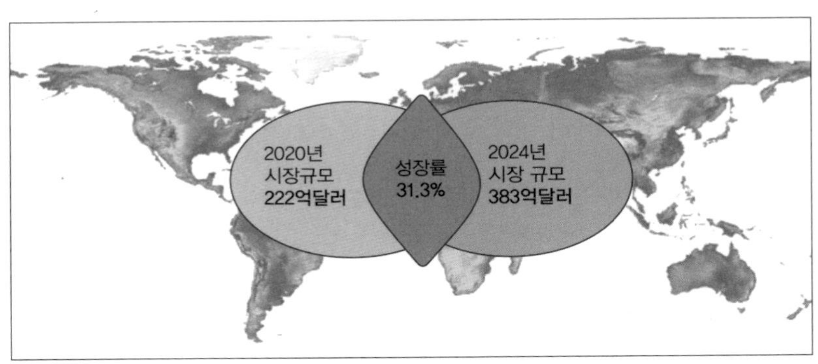

전세계 산업용 로봇 시장 전망 _출처: Frost & Sullivan

스의 목표는 그 이상이다. 이제 시작에 불과하다는 의미다.

패스로보틱스는 제조 현장의 시스템을 무한히 확장할 수 있는 지능형 로봇을 목표로 한다. 제조의 미래는 패스로보틱스가 만들어간다는 야심찬 목표를 세우고 있다.

현재 패스로보틱스는 그 가치를 인정받아 1억7,000만 달러의 투자금을 유치했는데, 특히 미래 제조산업의 변화를 이끌 혁신 기술로 그 가치가 높아지고 있다.

수요가 갈수록 높아지고 있는데다, 용접 로봇을 넘어선 로봇 기술의 혁신을 꾀하는 기업으로 자리매김 중이다.

평 점

서비스 능력 및 기술력	: ★★★★☆
제품과 서비스의 혁신성	: ★★★☆☆
향후 시장성 및 성장성	: ★★★☆☆
Leadership	: ★★★☆☆

Comment

산업용 로봇, 제조혁신의 Changer, 부족한 용접공, 지능화된 자율형 로봇

라이트넷 Lightnet 49

동남아를 대표하는 블록체인 기반의 핀테크 기업으로 우뚝

- 2018년 태국에서 설립
- 암호화 화폐 기반의 국제 송금 서비스
- 8,000만 달러 투자
- lightnet.io

핀테크 기업 라이트넷(Lightnet)은 동남아를 거점으로 부상한 스타트업이다. 라이트넷은 싱가포르에 본사를 둔 태국계 핀테크 업체로 B2B 결제, 조건부 결제, 무역 금융, 현금 관리, 에스크로 등 파트너에게 국제 결제 기능을 제공한다.

라이트넷은 모든 국가 간 거래를 허용하는 분산형 디지털 통화 프로토콜인 스텔라(Stellar) 네트워크와 결제 보증을 제공하는 벨로(Velo) 프로토콜, 전용 금융 스마트 계약인 에브리넷(Evrynet)을 지원한다. 특히 지난해 '동남아판 리플'로 불리는 블록체인 기반 해외송금 서비스 '벨로(Velo)'를 선보여 세간의 관심을 받았다.

싱가포르에 본사를 두고 있는 라이트넷은 송금 서비스를 전문으로 하는 스타트업으로서 제3의 신용기관을 거치지 않고 송금 서비스를 제공한다. 이같은 서비스가 가능한 것은 벨로랩스(Velo Labs)가 개발한 블록체인 금융 프로토콜인 '벨로'를 사용하기 때문이다.

벨로 프로토콜은 국가 간 송금이나 대출, 결제 및 신용 정보 등을 지원하는 개방형 금융 프로토콜이다.

벨로는 나라 간 원활한 송금 기능을 동남아에 구현하려는 블록체인 프로젝트다. 태국의 삼성이라 할 수 있는 CP그룹이 프로젝트를 주도하고 있다. 벨로는 CP그룹과 스텔라네트워크(XLM)의 지원으로 설립됐는데, 탈 중앙화된 결제 및 송금 서비스를 제공한다. 2018년에 시작한 벨로 프로젝트는 암호화폐를 비즈니스에서 안정적으로 사용할 수 있도록 한다. 주관그룹인 CP그룹은 자사가 운영하는 태국의 세븐일레븐 등 계열사에 벨로를 바탕으로 결제할 수 있도록 구현했다.

벨로 서비스가 특히 동남아에서 거대한 세력을 형성하게 된 배경에는 이주노동자들 때문이다. 동남아시아에 걸쳐 이주노동자들은 총 1,700만 명에 달하는데, 이들의 국제 송금액은 연간 1,000억 달러에 이른다. 하지만 송금액 대부분이 소액인 데다 노동자들은 비싼 수수료와 긴 송금처리 시간 등으로 본국 금융기관에 송금하는 데 애로가 많았다. 벨로는 바로 이 점을 파고들었다.

이주노동자들에게 편리한 송금 서비스를 지원하기 위해서는 수수료가 발생하는 제3의 금융기관을 거치는 불필요한 과정을 제거하는 한편 간편한 송금이 가능하도록 해야 한다고 생각했다.

라이트넷은 동남아시아 노동자들이 각국에 진출해 있어 충분한 시장성이 있다고 판단했다. 아시아 지역에서 앞으로 1조 달러 이상의 디지털 금융 서비스를 제공할 계획이다.

현재 라이트넷은 싱가포르 전자결제업체 매치무브(MatchMove), 시중은행인 싱가푸라은행(Singapura Bank) 등과 함께 인터넷 은행 설립을 추진하는 등 사업 다각화에도 나서고 있다. 또한, 스위스의 세바은행(Seba Bank)과도 제휴를 맺었다.

세바은행은 라이트넷의 금융거래 상대방으로서 세바은행을 통해 라이트넷 이용자는 명목 화폐와 디지털 화폐를 통한 결제, 교환, 송금 등이 가능하다. 또 디지털 화폐 송금 운영자를 위해 결제 은행뿐만 아니라 대체 결제 은행 네트워크, 계좌, 관리인 등의 역할도 수행할 예정이다.

국내에서 한화투자증권이 2021년에 라이트넷에 투자하기도 했는데, 한화투자증권은 라이트넷 네트워크를 통해 해외송금 서비스를 진행할 예정이다.

국내 증권사가 동남아 지역 기반의 핀테크 기술을 이용하는 것은 그

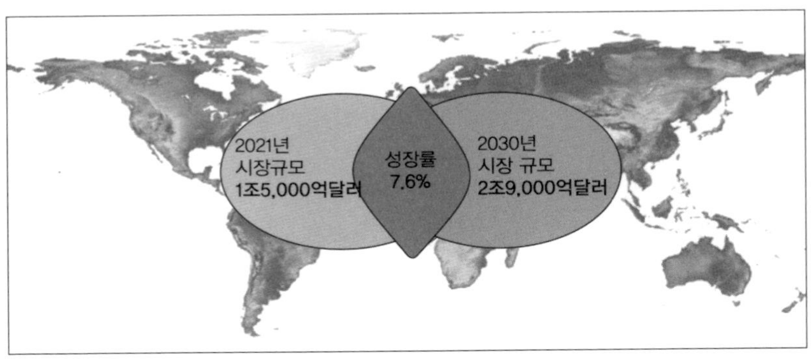

전 세계 결제 시장 전망 _출처: BCG

만큼 라이트넷의 기술력을 높게 평가하기 때문이다. 라이트넷은 각국의 주요 금융권과 제휴를 맺으면서 시장을 넓혀 나가고 있다. 현지 거점지역을 기반으로 한 글로벌화 전략의 일환이다.

라이트넷은 이의 일환으로 태국의 시중은행인 SCB와 제휴를 맺고 한국과 태국 간의 해외송금 서비스도 제공 중이다. 이번 제휴를 통해 SCB 고객들은 라이트넷의 사업 파트너인 한국 핀테크 스타트업 센트비를 통해 한국에서 태국으로 돈을 보낼 수 있게 됐다.

향후에 태국, 베트남, 싱가포르 등 동남아 국가 간에서 국제 송금액수가 커지고 있는 데다, 앞으로도 한국, 중국, 일본 등 동북아시아 국가 간의 사업체를 통한 송금 건수는 더욱 늘어날 전망이다.

라이트넷은 아시아 시장을 발판삼아 글로벌 시장에도 적극 진출한다는 계획이다.

평 점

서비스 능력 및 기술력	: ★★★☆☆
제품과 서비스의 혁신성	: ★★★★☆
향후 시장성 및 성장성	: ★★★☆☆
Leadership	: ★★★☆☆

Comment

간편 서비스를 앞세워 동남아시아 금융 시장 공략에 성공, 향후 글로벌 행보 주목

브랜치테크놀러지 Branch Technology 50

건축물에 아름다움을 더하다

- 2015년 미국에서 설립
- 3D프린팅 기반의 주택 건설
- 누적투자금액 1억8,200만 달러
- branchtechnology.com

3D프린터 활용은 다방면으로 확대되고 있다. 3D프린터는 말 그대로 소비자 입맛에 맞는 맞춤형 제품을 제작할 수 있다. 특이한 디자인을 구현하는데, 3D프린터의 진가는 발휘된다.

주택분야도 3D프린터를 활용한 신 주택기법이 떠오르고 있다. 3D프린터로 벽과 지붕, 바닥 등을 출력하고 조립하는 맞춤형 주택 시장에서 자신이 살고 싶은 '꿈의 집'을 구현한다는 게 이제는 불가능이 아닌 현실이 되고 있다.

이미 미국 등 선진국에서는 3D프린팅 기반의 주택이 속속 등장하고 있다. 미국에는 2022년까지 3D프린터로 만들어진 100여 채 가량의 주택단지가 들어선다.

현재 기술로 전체 공정에서 3D프린터로 이루어진 작업 공정률은 50% 미만이지만, 속속 신기술로 무장한 스타트업들이 등장하면서 공정률은 80%까지 높아졌다. 3D프린팅으로 나만의 드림하우스를 만드는 시대도 이제 얼마 남지 않은 셈이다.

3D프린팅 기반의 주택 건축업체 브랜치테크놀러지(Branch Technology)가 바로 이 가능성을 현실로 구현하고 있다. 브랜치테크놀러지는 3D프린터로 건축물의 재료와 소재를 만드는 전문기업이다.

이 회사는 자체 제작한 3D프린터로 조각품, 파빌리온(Pavilion), 파사드(Facade) 등 건축물을 조립하고 제작한다. 특히 브랜치테크놀러지의 기술적 완성도는 3D프린팅 기반의 셀룰러 제작(C-Fab: Cellular Fabrication) 기술로 모아진다.

이 기술은 디자인 측면에서도 혁신을 지향한다. 산업용 로봇, 알고리즘 및 압출 기술을 결합한 C-Fab 방식은 재료 자체를 가볍게 하는 한편 복잡한 조립도 훨씬 뛰어난 방식으로 쉽게 가능하게 한다. 각종 건축 재료를 만들어내는 C-Fab은 일종의 거대한 크기의 3D프린터기기라 할 수 있다. 이러한 기술을 적용하면 건축 재료 자체가 치수에 제한을 둘 필요가 없으며, 지지대 없이도 공간에서 고정될 수 있다는 장점을 제공한다. 이 제품을 사용해 재료를 출력하면 기존의 적층 인쇄방식보다 20배 적은 재료를 사용하면서도 강도는 동일한 수준을 보장한다.

2013년 건축가 출신의 창업자인 플랫 보이드(Platt Boyd)가 회사를 설립할 때 그는 전통적인 필라멘트 방식의 3D프린팅 방식은 문제가 많다고 생각했다. 단계도 훨씬 복잡하고, 재료 사용도 지나치게 많다고 여겼다.

7년여의 연구 개발 끝에 브랜치테크놀러지는 셀룰러 방식의 C-Fab 기술을 개발할 수 있었다. 일반적으로 조립식 건축물은 실용성을 강조한 나머지 미적 외관은 소홀하기 십상이다. 때문에 겉으로 보기에 투박하다는 인상을 주기 쉬운데, 브랜치테크놀러지의 3D프린팅 기술로 만든 건축물은 미적 요소를 가미한 작품이 많다. 바로 3D인쇄 폴리머 구조로 돼 있기 때문이다.

이러한 장점 때문에 브랜치테크놀러지의 3D프린팅 기술은 다양한 건축물에서 빛을 발한다. 특히 야외 전시물은 업계의 찬사를 받은 작품이 많다.

시카고 필드 자연사 박물관(Chicago Maritime Museum)에 전시된 'Nature Clouds'는 브랜치테크놀러지의 3D프린팅 기술을 사용해 제작한 세계 최초의 야외 전시형 조각품이다. 미국 테네시주 내슈빌에 있는 원시티(One City) 비즈니스 센터에 설치된 파빌리온 전시물은 전적

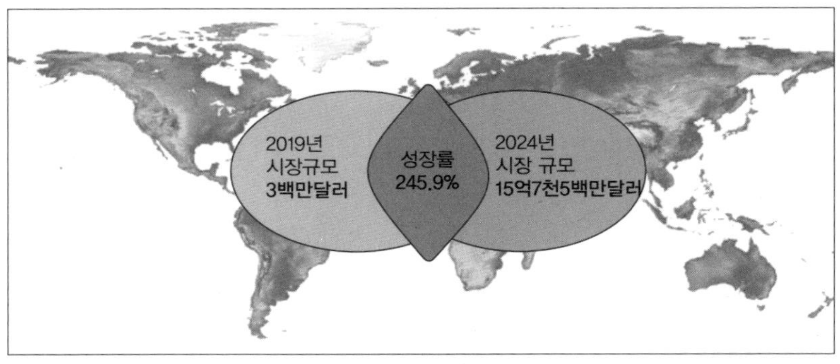

전 세계 3D프린팅 기반 건축 시장 전망 _출처: Markets&Markets

으로 3D프린터로 100% 구현한 건축물이다.

브랜치테크놀러지는 첨단 조립식 제조 기술이 향후 건설 현장 관리에도 훨씬 더 안전을 보장한다고 강조한다. 더욱이 3D프린팅 건축은 친환경적이다. 브랜치테크놀러지는 향후에도 첨단 제조가 건물 설계는 물론 건설 방식에서도 혁신을 가져올 것이라고 밝힌다.

이미 브랜치테크놀러지의 미래를 눈여겨본 투자자들의 발길도 이어지고 있다. 브릭&모르타르벤처스(Brick & Mortar Ventures), 채터누가 르네상스펀드(Chattanooga Renaissance Fund) 등이 이 회사의 가능성을 믿고 투자자 대열에 합류했다.

평 점

서비스 능력 및 기술력	: ★★★★☆
제품과 서비스의 혁신성	: ★★★☆☆
향후 시장성 및 성장성	: ★★★★☆
Leadership	: ★★★☆☆

Comment

신기술을 적용한 3D프린팅 건축 기술, 실용성에 아름다움 더해, 설계 방식과 건축 방식에 일대 전기

참고문헌과 웹사이트

■ 참고문헌 및 뉴스

정보통신산업진흥원, 〈IT산업의 발전방향〉(2011년)

삼성증권, 〈2022년 전망: 전기차는 어떻게 돈을 버는가〉(2022년)

한국무역협회, 〈코로나 19 이후 글로벌 전자상거래 트렌드〉(2020년)

KRG, 〈코로나 이후 IT시장 트렌드〉(2020년)

KRG, 〈IT시장 백서〉(2020년)

한국고용정보연구원, 〈한국고용정보원의 '기술변화에 따른 일자리 영향 연구' 보고서〉(2017년)

현대자동차, 〈현대자동차 지속가능 보고서〉(2021년)

국토교통부, 〈스마트 모빌리티 서비스 지원을 위한 통합결제 기술개발 및 시범운영 최종보고서〉(2020년)

미국우주재단, 〈스페이스 리포트〉(2021년)

국제무역통상연구원, 〈우주산업 가치사슬 변화에 따른 주요 트렌드와 시사점〉(2021년)

한국방송통신전파진흥원, 〈드론, IoT, 무인이동체 등 신산업 서비스 확산에 대응한 전파관리 개선방향 연구〉(2019년)

KPMG, 〈2020 KPMG AVRI(자율주행차 도입 준비 지수, Autonomous Vehicles Readiness Index)〉(2020년)

한국바이오협회, 〈코로나19 이후 급부상하고 있는 디지털헬스산업〉(2021년)

전자신문_〈이병태의 유니콘기업 이야기〉(2019년)

한국경제신문_〈글로벌 1700조 시장 잡아라〉(2021. 5.18)

뉴스핌_〈2040년 1000조 시장 열린다〉(2021.7.15.)

한국경제신문_〈6G 통신 · 달궤도선 · 독자 항법위성까지〉(2021.2.18.)

머니투데이_〈30조' 전세계 드론시장 장악한 中...비결은 '선허용 · 후보완' 제도〉(2021.9.11.)

테크월드_〈전기차 배터리 시장 동향과 전망〉(2021.11.01.)

Deloitte, 〈The Smart Factory〉(2017년)

Global Market Insight, 〈전 세계 SNS 시장전망〉(2021년)

UXtools, 〈2019 uxtools Survey〉(2020년)

■ 참고 웹사이트

www.startupranking.com

namu.wiki

www.infineon.com/cms/en/discoveries/smart-city

www.ringleplus.com

finleap.com

stl.ktl.re.kr/web/main/index.do

www.statista.com

polymaker.com

www.crunchbase.com

www.cbinsights.com

www.salesforce.com

www.alliedmarketresearch.com/crm-software-market

www.bytedance.com

www.researchandmarkets.com

stripe.com

www.spacex.com

market-bridge.com

www.workday.com

www.marketsandmarkets.com/Market-Reports/human-capital-management-market-193746782.html

nubank.com.br

finance.yahoo.com/news/bilibili-set-price-hong-kong-093000868.html

rivian.com

www.fortunebusinessinsights.com/automotive-power-electronics-market-102210

zoom.us

www.klarna.com

www.businessinsider.com/top-five-things-that-happened-in-bnpl-2021-12

www.canva.com

blog.cfte.education/top-10-payments-unicorns-largest-payments-

companies–by–market–capitalisation–2021
www.instacart.com
www.facts–factors.com
www.databricks.com
www.fortunebusinessinsights.com/industry–reports/big–data–technology–market–100144
waymo.com
www.chime.com
apptopia.com
byjus.com
www.holoniq.com
www.grab.com
www.yandex.ru
www.dji.com
gopuff.com
www.frost.com
www.devoted.com
www.redditinc.com
aelieve.com
www.figma.com
gusto.com
dataintelo.com/report/human–resource–management–market
www.talkdesk.com
www.lalamove.com
northvolt.com
www.tanium.com
toss.im
www.grandviewresearch.com
www.datarobot.com
aurora.tech
www.relativityspace.com
impossiblefoods.com

www.patreon.com
www.duolingo.com
www.cybereason.com
www.verifiedmarketresearch.com
www.mordorintelligence.com
boweryfarming.com
www.everlaw.com
www.lemonade.com
www.benevolent.com
www.h2o.ai
www.psmarketresearch.com
www.stratasys.com
glossier.com
www.Zumper.com
www.xanadu.ai
www.bccresearch.com
www.path-robotics.com
lightnet.io
branchtechnology.com